もうひとつの
道徳の教科書

道徳の教科書編集委員会【編】

もくじ

この本について

二〇一八年四月、日本の公立小学校で新しい教科が二つあらたにスタートしました。一つが、外国語という教科です。もうひとつが、道徳科（特別の教科　道徳）です。「道徳科」は、いまなぜ教科になるのでしょうか。これまでも時間割には、道徳という二文字があったと思います。でもふり返ってみてください。道徳の時間にどんなことをしていたでしょうか。新しい学期が始まったころには、係決めの時間。運動会や遠足の前には、グループ決めやどんな活動をするかの話し合いの時間。クラスでトラブルが発生した時は、学級会で解決する方法を話し合ったり、担任の先生がお説教をしたりする時間。時間割にはあったのに、はっきり何をする時間ということが、あまりよくわからなかったという人が多いのではないでしょうか。

この問題を解決しようとした多くの先生方は、文部科学省という国の機関で何度も話し合いました。そして、これまでと異なり、道徳の時間は、国語や算数、理科や社会科といった教科の基盤《きばん》となる特別な教科にしようと決めたのです。週一回、一年間で必ず三十五回の道徳科の授業をすることが決まりました。そして、道徳科にも初めて教科書ができました。これまで授業で使ってきたものは、教材ではありますが、検定教科書ではないのです。検定教科書は、文部科学省が法律で定めた基準にもとづいた、一定の水準があることが認められたものです。みなさんの手元に届いたのはこの教科書です。

しかし、ちょっと待ってください。一年間に、週一回の道徳科の授業で、三十五編の作品（小学校一年生は三十四編）を学ぶだけで、みなさんの道徳の力は十分につくのでしょうか。例えば、国語科の学習でしたら、新しい漢字が教科書に出てくると、漢字のドリルで練習をするでしょう。学期末には、ワークシートのテストを行うこともあるでしょう。算数科では、計算ドリルや問題集を使って、いろいろな種類の問題にチャレンジしています。社会科では、資料集や地図帳を用いたりして学んだりしています。

一週間に一回だけの道徳科の授業で、道徳の作品に出合うだけで、みなさんの心は育っていくのでしょうか。道徳科の教科書を読んだあと、きっとあなたたちの心は、あなたに向かってこう叫んでいると思います。

「ほかにもいいお話がないのかなあ。もっと、読んでみたいなあ。」

道徳科の教科書は、北は北海道から南は沖縄まで、大都市の学校でも離島や山間部の学校でも、日本全国各地で使われます。この検定教科書はいろいろな条件の下で編集されました。そのため、学校の先生方は、みなさんの心の成長のために、もっと読んでおいてほしい作品がたくさんあると思っているのです。

もっと、外国文学の面白い作品を読んでほしい。
もっと、物語だけではなく詩の作品も読んでほしい。
もっと、生命の誕生と死に関する作品も読んでほしい。
もっと、小学校高学年や中学生でも、絵本の作品を読んでほしい。
もっと、注目されていなかった人の生き方に関心をもってほしい。
もっと、宗教とのかかわりで生きてきた人の姿を知ってほしい。

多くの学校の先生方は、図書館の司書の先生方と同じように、子どもたちにこういう作品(物語やノンフィクション、詩、絵本など)も読んでほしいと強く願っています。
それはなぜでしょう。その答えはかんたんです。その先生がこうした作品を読んで、感動したからです。その作品を読んだことで、自分の人生のどこかに影響《えいきょう》を与《あた》えられたからです。その先生に代わって言うとすれば、その作品を通して、生きていく勇気と元気をもらったからでしょう。だから、これからの未来を生きるあなた方に、その作品を通して、生きていく勇気と元気を贈《おく》りたいと思ったからなのです。

教科書を読んで、「ほかにはどんな作品があるのかな。」そう思った人に、この本はピッタリです。この本は、こうした未来への願いのこめられた、もうひとつの道徳の教科書です。検定教科書の作品を読んだ豊かなあなた方の心は、もっと読みたいと思うかもしれません。発展的に学びたい人もいるでしょう。ぜひとも、手に取って、興味のある部分から読み始めてください。

ここにはたくさんの本に目を通してきた先生方が、選び抜いた作品が掲載されています。もうひとつの道徳の教科書が、あなた方の生きる力をさらに豊かにしていくことを願っています。

生きる

谷川《たにがわ》　俊太郎《しゅんたろう》

生きているということ
いま生きているということ
それはのどがかわくということ
木《こ》もれ日《び》がまぶしいということ
ふっと或《あ》るメロディを思い出すということ
くしゃみすること
あなたと手をつなぐこと

生きているということ
いま生きているということ

それはミニスカート
それはプラネタリウム
それはヨハン・シュトラウス
それはピカソ
それはアルプス
すべての美しいものに出会うということ
そして
かくされた悪を注意深くこばむこと

生きているということ
いま生きているということ
泣けるということ
笑えるということ
怒《おこ》れるということ

自由ということ

生きているということ
いま生きているということ
いま遠くで犬が吠《ほ》えるということ
いま地球が廻《まわ》っているということ
いまどこかで産声《うぶごえ》があがるということ
いまどこかで兵士が傷《きず》つくということ
いまぶらんこがゆれているということ
いまいまが過ぎてゆくこと

生きているということ
いま生きているということ
鳥ははばたくということ

海はとどろくということ
かたつむりははうということ
人は愛するということ
あなたの手のぬくみ
いのちということ

【考えよう】

○ なぜ「かくされた悪を注意深くこばむこと」が、生きているということなのか考えてみましょう。

○ 題名「生きる」という言葉が、作品の中に一度もでてこないのはどうしてでしょうか。

作者紹介／解説は242ページ

きっと明日は

江崎《えざき》　雪子《ゆきこ》

病気がすすんでから、夢に出てくる私はいつもからだが不自由でした。たまに健康なすがたであらわれても、とちゅうで「あ、いけない！　私はこんなにちゃんと歩けないんだった」と、きちんと自分を病人に訂正《ていせい》するというぐあいで、めざめてから、心まで重症筋無力症《じゅうしょうきんむりょくしょう》にしばりつけられている自分にたいして、にがい気持ちになりました。また、重苦しい夢もおおく、泣きながら目をさますことがなんどもあったのです。それがいつのころからか、夢のなかの私が健康であったのか病気であったのか、わすれてしまっているようになりました。病気であることに、こだわらなくなったのでしょう。かぞえてみれば、入院生活も九年目にはいっていました。

私は二年ほどまえから、本格的に退院準備のための外出、外泊《がいはく》練習ととりくむようになっていました。練習をはじめたばかりのときは、車のまどからだんだん病院が遠ざかっていくのを

みると、

（だいじょうぶかしら？　町のなかで息苦《いきぐる》しくなったら、どうすればいいのかしら？）

と、気持ちが悪くなるほどこわくなり、目的地におりないままユーターンするという調子でした。数か月たってもまだしずかな病院からひとごみのなかにはいっただけで、車の騒音《そうおん》、ひとの声、たえまなくながれている音楽など、町の音にからだがすくみました。走っている車も、いそがしく歩いているひとたちも、皆《みな》、私にぶつかってくるようでこわくて歩けないのです。不安感から脈《みゃく》が速くなり、手足がジンジンしびれ、逃《に》げるように病院にもどってきたこともたびたびでした。外出や外泊《がいはく》練習は楽しみどころか、拷問《ごうもん》にちかい苦しみだったのです。家にかえれば、夜風の音、雨の音におびえて気持ちがやすまらず、病院にかえる朝をまちかねるというありさまで、

（あまりに長く入院していたから、私はもう外の世界にはいれなくなってしまったのではないだろうか……）

と、考えこむ時期がつづきました。

…………

〈昭和五十六年〉　　　　　　　　　　　　　　　　（三十一歳《さい》）

四月二十一日（火）　すばらしい青空

時は羽根《はね》をはやしているかのように、この瞬間《しゅんかん》も私のもとからとびたっている。私はなにもしていない……。ただ臆病《おくびょう》に、緩慢《かんまん》に生きているだけだ。

たしかに病院は私の安全地帯だ、からだの面でも心の面でも。なにがあっても先生や看《かん》護婦《ごふ》さんが私をまもってくださるし、それにここなら私にも役割《やくわ》がある。

しかし楽なところにしがみついているのは、不幸な生きかたただとおもわないか？　なれた生活をすてないことには、あたらしい生活ははじまらないじゃないか。

ともかく、第一歩をふみだそう。もしぐあいが悪くなれば、そのときは再入院をさせてもらえばよいのだ。さきの心配をするあまり退院できずにいるのは、おろかなことだ。困《こん》難《なん》にたちむかう勇気が、私にはあるはずだ。

両親と私は、主治医《しゅじい》の先生に退院の相談をしました。先生は、「決心がつきましたか？」と、にっこりわらわれました。患者《かんじゃ》のことを親身《しんみ》になって考えてくださる先生は、私が自分の力で不安感をのりこえるのを、しんぼうづよくみまもってくださったのです。

六月二日（火）　晴　大安吉日

退院できる日がくるとは、いや、この二年はひんぱんに自宅《じたく》にかえっていたのだが、しかしそれでも、退院が現実になろうとは考えられなかった。

四月から、八年三か月の入院生活の所帯《しょたい》道具をすこしずつ、すこしずつかたづけてあったので、あとは大物《おおもの》（テレビ、小型の冷蔵庫《れいぞうこ》、オーブントースター、整理だんす）と、台所用品、スタンドがのこるだけだとおもっていたのだが、つんでみると、大型の乗用車がまんぱいになるほどの荷物だった。

私のけはいがなくなったがらんとした病室をみまわしたとき、「つぎはだれがこの部屋《へや》をつかうのだろう」と、ふしぎな気持ちがわいてきた。

さようなら、私の病室！　六病棟《びょうとう》！　この廊下《ろうか》を私はどれだけいったりきたり、歩行練習をしたことだろう。

先生、婦長《ふちょう》さん、看護婦《かんごふ》さん、助手さんにお礼をもうしあげて病棟《びょうとう》をおりる。

病院の外に出、母のまわしてくれる車をまっていたとき、太陽が私の背《せ》を射《い》た。六月の陽光につつまれたとき、「生きていてよかった!!」と烈《はげ》しく胸《むね》がふるえ、涙《なみだ》があふれた。

家にかえってみると、一朗《いちろう》、玲子《れいこ》より退院祝いの真紅《しんく》のバラの花束《はなたば》がとどいていた。

あたらしい出発……、そう、退院は私にとってのひと区切り。闘病《とうびょう》はまだまだつづくけれど、強く、けれども強がらずすなおに生きたい。

【考えよう】

○ 病院を出て太陽の光を浴びた雪子さんに涙《なみだ》があふれ出たのは、なぜでしょうか。
○ 雪子さんの病《やまい》とたたかおうとする意欲《いよく》や勇気は、どこからやってくるものだと思いますか。

作者紹介／あらすじは242ページ

せかいいちうつくしい ぼくの村

小林《こばやし》 豊《ゆたか》

すもも、 さくら、 なし、 ピスタチオ。
はる。
パグマンの 村は、 はなで いっぱいに なります。
なつ。
かぜに ゆれる きのみの おとを ききながら、
まいとし 村の ひとたちは かぞく みんなで、 ふとった あんずや、
すももや、 さくらんぼを もぎとります。
とりいれは 一ねんじゅうで いちばん たのしい とき。
「♪すもも なったか、 なし なったか。 まっかな あたま
さくらんぼ。 とったか たべたか、 たべずに しんだか――
」

ちいさい　おとこのこの　ヤモも、にいさんの　ハルーンと
きょうそうで　かご　いっぱいの　すももを　とります。
村じゅうが　あまい　かおりに　つつまれます。

――でも、ことしの　なつ、にいさんは　いません。

ヤモの　くにでは　せんそうが　つづいています。

にいさんも　へいたいに　なって、たたかいに　いったのです。

きょう、ヤモは　はじめて　ロバの　ポンパーと、まちへ　くだものを　うりに
いくことに　なりました。にいさんの　かわりに、とうさんの　てつだいを　するのです。

「かあさん、いってきます」　ヤモは　とうさんと　あさ　はやく　でかけます。

あまい　すももと　まっかな　さくらんぼが、ポンパーの　せなかで　おもそうに　ゆれています。

「おーい、ヤモ。おでかけかい」　村の　ひとたちが　こえを　かけます。

「うん。とうさんと　いっしょだよ」「そうかい　そうかい。たくさん　うれると　いいね」

「さくらんぼは　いかが！　ちいさな　あまいたいよう、パグマンの　さくらんぼ！」
ヤモは　みちみち　とうさんに　おそわったもんくを　くりかえします。
かいどうは　ひが　のぼって、きゅうに　あつくなってきました。
まちへ　むかう　バスや　トラックが　ヤモたちを　おいこしていきます。
まちに　つきました。ひつじの　いちも　たって、にぎやかな　こえが　あっちからも　こっちからも　きこえてきます。いりまめうりのおじさんが　おおごえを　はりあげています。
シシカバブ（やきにく）や　パンの　やける　においに　おい。じゅうたんや　ほんの　におい。

まちの　にぎわいに　ヤモは　むねが　ドキドキします。
ひとの　いきかう　おおきな　ひろばで、いよいよ　みせびらきです。
「とうさんは　この　ひろばで　すももを　うるから、ヤモは、まちの　なかを　まわって
さくらんぼを　うってごらん」
「ぼく　ひとりで？」
「ポンパーが　ついているさ。ポンパーは　まちじゅう　しらない　ところは　ないんだから」
しかたなく　ヤモは、ポンパーに　ひっぱられるように　して　あるきだしました。
ポンパーに　つれられて、ヤモは　まず　やねつきバザールに　いきました。
いろとりどりの　ちいさな　みせが　ところせましと　ならんでいます。
かいものを　する　ひと。おちゃを　のむ　ひと。
「こんな　ところで　うれるかな？」ヤモは　しんぱいに　なりました。
ゆうきを　だして　よんでみました。「えー、さくらんぼ」　だれも　ふりむいてくれません。
もっと　おおきな　こえで　いわなくちゃ。「さくらんぼー、パグマンの　さくらんぼ！」
くだものやの　まえを　とおる　ときは　ちいさな　こえで、「……さくらんぼ」

りんりん、シャンシャン。「じゃまだ　じゃまだ！　あぶないぞ！」

ばしゃタクシーが、すずを　ならして　とおりすぎます。

まちは　いそがしくて　めが　まわります。さくらんぼは　ちっとも　うれません。

ヤモは　がっかりして、みちばたに　すわりこみました。すると、

「パグマンの　さくらんぼ　ちょうだい！」ちいさな　おんなのこの　こえが　しました。

それから　ヤモの　さくらんぼは、とぶように　うれはじめました。

「ぼうや、わたしにも　おくれ。むかし、パグマンの　ちかくで　くだものを　つくってたんだ。なつかしいな」

「おじさんは　せんそうに　いってたの？」

「ああ、そうだよ。おかげで　あしを　なくしてしまってね」

ヤモは　ドキッと　しました。ハルーンにいさんの　かおが　おもいうかびました。

おじさんは　すぐに　さくらんぼを　くちに　いれました。

「うーむ、あまくて、ちょっと　すっぱくて、やっぱり　おいしいなあ！　パグマンの　さくらんぼは　せかいいちだ」

「とうさん！　みんな　うれちゃった！」　まだ　はんぶんいじょう　うれのこった　すももをまえに、とうさんが　にこにこ　わらっています。

「そうか！　それじゃ　ひとやすみして、ごはんを　たべに　いこうか」

とうさんは　となりの　おじさんに　みせばんを　たのみました。

おいしい　においの　する　チャイハナ（食堂）で、ヤモは　とうさんと　おそい　ひるごはんを　たべます。たべながら　ヤモは、まちで　あったことを　はなします。

「せんそうで　あしを　なくした　おじさんも　かってくれたんだよ。パグマンの　さくらんぼは、せかいいちだって」　ヤモは、ひとにぎりの　さくらんぼを　とりだしました。

「これ、とうさんと　たべようと　おもって　とっといたんだ」

「よく　うれたようですな？」

となりに　すわった　おじさんが　こえを　かけてきました。

「いやあ、この　ヤモの　おかげですよ。なにしろ　うえの　むすこが　せんそうに　いってましてね」

「それは　しんぱいですな。みなみのほうの　たたかいは、かなり　ひどいというし」

「らいねんの　はるには　かえると　いってたんですがね」

ヤモは　あまい　おちゃを　のみながら、とうさんたちの　はなしを　きいています。ハルーンにいさんなら　だいじょうぶ、きっと　はるには　げんきに　かえってくると、ヤモは　おもっています。でも……。

「ヤモ、あとで　びっくりすることが　あるよ」

そんな　ヤモに、とうさんが　そっと　いいました。

「え!?　なになに　おしえて？」

「さあ、そのまえに　もう　ひとしごと。のこりの　すももを　うってしまおう」

ヤモは　さいごに　のこった　さくらんぼを　たいせつに　たべると、おじさんに　さよならを　いって　チャイハナを　でました。

「すもも！　すもも！　パグマンの　すももだよ」　ひろばの　モスクから　おいのりの　こえが　ながれてきます。まちは、しずかで　おちついた　いろに　つつまれました。

ヤモは　すももを　うりながら、ずっと　とうさんの　いったことを　かんがえていました。

「びっくりすることって　いったい　なんだろう？」

すももも　ぜんぶ　うれました。
「さて、それじゃあ　びっくりするとこに　いくと　するか」
とうさんは　まっすぐ　ひろばを　よこぎっていきます。ヤモは　とても　じっとしてなんていられません。
とうさんの　かたの　うえで　おおきな　こえで　うたいます。
「♪なんだ、なんだ？　びっくりすることって　なーんだ？」
そこは　ひつじの　いちばでした。とうさんは、もうけた　おかねを　ぜんぶ　つかって、こひつじを　一とう　かったのです。
そう、それは　まっしろな　こひつじでした。ヤモの　うちの　はじめての　ひつじ。
こんな　きれいな　ひつじは、村の　だれの　ところにだって　いません。
「さあ　ポンパー、いえへ　かえろう。ひつじを　みたら、きっと　みんな　おどろくよ」
やっと　村に　つきました。なつかしい　においが　します。たった　一にち　いなかっただけなのに、とても　ながい　たびから　かえったような　きが　します。
「みんなが　うちの　ひつじを　みているぞ」

ヤモは　むねを　はって、村の　みちを　いえに　むかいました。
ヤモは　とうさんに　たのんで、しろい　こひつじに　じぶんで、「バハール」となづけました。「はる」という　いみの　なまえです。
「ハルーンにいさん、はやく　かえっておいでよ。うちの　かぞくが　ふえたんだよ」
はるは　まだまだ　一ねんちかくも　さきです。

この　としの　ふゆ、村は　せんそうで　はかいされ、いまは　もう　ありません。

【考えよう】

○　ヤモは、こひつじに「バハール（春）」と名づけましたね。それはなぜでしょうか。

○　この絵本は、「この　としの　ふゆ、村は　せんそうで　はかいされ、いまは　もう　ありません。」という文字だけのページで終わります。どんなことを感じますか。

作者紹介／解説は243ページ

あくびイヌ

東《ひがし》　君平《くんぺい》

おなじいえにいて、ネコはのんびりとひなたぼっこをしたり、カーテンのすそにじゃれていればえさをもらえるのに、イヌは、しっかりみはりをしていなければ、なんのやくにもたたないと、いわれてしまいます。

「ネコのやつ、きままにできていいな」

そんなネコをみてイヌはときどきおもいます。

ワンワンワワン。なにもすることのない日は、なにかいらいらして、あやしいものもいないのに、ほえてみたくもなります。

「ぼくはほんとうにやくにたってるのかな」

イヌは、まいにち犬ごやにつながれて、えさをもらってくらしているじぶんのことを、かんがえればかんがえるほど、かんがえてしまいます。

かんがえればかんがえるほどかんがえるということは、けっきょくはけつろんのでないことで、それをもっとふかくやってゆくと、またかんがえてしまって、もういちど、かんがえればかんがえるほど、かんがえてしまうのです。

「もう、かんがえるのをやめよう」

イヌはいつもこういって、かんがえることをやめますが、そのあとも、あたまのどこかのすみっこで、のうみそがまだかってに、ちらりちらりとかんがえていたりして、ブルブルブルとみぶるいをして、それをやめさせたりもします。

イヌは、こんなにしんけんに、じぶんをかんがえているどうぶつです。

「ファーアア」

かんがえつかれると、のうみそがだるくなって、あくびがでます。

そしてそんなときだけ、ふしぎなことに、だれかがみています。

そしていいます。

「イヌも、あくびをするようになったら、おしまいだ」

イヌは、それをきくと、またかんがえこんでしまうのです。


【考えよう】

○　どうして、イヌはそんなに考えてしまっているのでしょうか。

○　イヌは、いったいどのように生きていきたいと思っているのでしょうか。

作者紹介／解説は245ページ

きみが選んだ死刑のスイッチ

森《もり》　達也《たつや》

学校はひとつの社会だ。クラスはその学校を構成するひとつの単位。このクラスであなたは、平均すれば週に五日、一日の半分以上を過ごす。授業を受けて、休み時間には友達としゃべり、給食や弁当をみんなで食べて、サッカーやバレーボールやドッジボールをして、ウサギや鶏《にわとり》に餌《えさ》をやって花壇《かだん》の手入れをして、時には先生に怒《おこ》られたり、ほめられたり、友達と喧嘩《けんか》をしたり、また仲直りをしたり、試験を受けたり、具合が悪いときには保健室で休んだり、そんなふうにしながら一日の大半を過ごす。

ひとつの社会なのだから、いろいろな問題が生じる。係りの仕事をちゃんとやらない人。日直なのにサボる人。誰《だれ》かをいじめる人。いじめられる人。誰《だれ》かのシャープペンシルを借りてなくした人。教室の中でボール遊びをしていて窓《まど》ガラスを割《わ》った人。

そんなとき、反省会で誰《だれ》かが手を挙げる。そしてみんなで話し合う。だって◯◯くんがこまっているなら、△△くんがこっそり悪いことをしたのなら、□□くんがじめられているのなら、それは放《ほお》ってはおけない。ちゃんとみんなで話し合わなければいけない。なぜならクラスメートなのだから。

でも手を挙げた誰《だれ》かが、勘違《かんちが》いをしていることだってないとはいえない。本当にこまっているのは○○くんだけではなくて別の誰《だれ》かかもしれない。△△くんは悪いことをしていないのに誤解《ごかい》されているのかもしれない。いじめられているのは□□くんだけでなく、もっと何人もいるのかもしれない。

証言はなぜ食い違う

芥川龍之介《あくたがわりゅうのすけ》の短編《たんぺん》に『藪《やぶ》の中』という作品がある。今昔物語《こんじゃくものがたり》の「具妻行《めをぐして》丹波国男於大江山被縛語《たんばのくにのおとこおおえやまにしてしばらるること》」を下敷《したじ》きにしたこの小説は、深い藪《やぶ》の中で殺人事件が起きたあとに、その場にいた七人の証言者が、それぞれ自分が見た事件の真相を語るという物語。殺された男の証言も、巫女《みこ》の口を借りて現れる。

ところが殺人事件の真相や犯人について語り始めると、七人の証言がまったく食い違《ちが》う。結局は最後まで、誰《だれ》が真犯人で何が真相なのかわからないという物語だ。

自分の身の回りで起こることや起こったことを、僕《ぼく》たちは目や耳などの感覚器を使って理解する。でもじつは、目や耳は絶対に正しいわけではない。むしろとても多く、見まちがいや聞きまちがいを起こす。

それに目で見る光景は、たとえ見まちがいではなくても、どこから見るかでぜんぜん違《ちが》うものになる。黒板前の先生の位置からはみんな真面目《まじめ》に授業をやっているように見えるとしても、同じときに教室の後ろから見たら、机《つくえ》の上に立てた教科書のかげで弁当を食べている○○くんが見えるかもしれないし、膝《ひざ》の上でこっそりと漫画《まんが》を読んでいる△△くんが見えるかもしれない。

たとえば人類の祖先《そせん》で旧石器時代に生きていたネアンデルタール人を二人、タイムマシンを使って今の時代に連れてきたとする。一人にはガラスのコップを横から見せて、「これはコップです」と教え、もう一人には同じガラスのコップを真下から見せて、やっぱり「これはコップです」と教えたとする。

このとき、それぞれのネアンデルタール人にとっての「コップ」は、透明《とうめい》で硬《かた》そうな材料からできているということは共通するけれど、その形はまったく違《ちが》ったものになる。もう一度タイムマシンに乗せられて自分たちの時代にもどってから、一人は「コップとは透明《とうめい》で硬《かた》そうな材料からできていて長い四角形だった」と言い、もう一人は「コップとは透明《とうめい》で硬《かた》そうな材料からできていて丸いものだった」と言うだろう。

どちらも嘘《うそ》はついていない。でもどこから見るかで、物事《ものごと》はこれほどに変わる。何よりも見ただけでは、コップとは水を入れて飲むものだということがわからない。つまり本当に大事なことがわからない。

だから誰《だれ》か一人の言うことだけで、実際に何が起きたかなどを判断《はんだん》すると、物事《ものごと》や現象《げんしょう》の本当の形がよくわからなくなる。まったく違《ちが》う形だと思いこんでしま

うことだって少なくない。

コップがどういうものかを知るためには、あらゆる角度から見て、さらに手にとって、その硬《かた》さや材質を調べたり、多くの人がどんなふうに利用しているかを観察したり、やらなければならないことはいくらでもある。

反省会で森くんからいきなり、「生物委員なのにキンギョとメダカに毎日餌《えさ》をやっていない」と指摘《してき》された西くんは、もしかしたらそのままでは、キンギョを半分死なせてしまったとして罰《ばつ》を受けたかもしれない。

でもじつはそうではないようだ。キンギョが半分死んでしまった理由は、斉藤《さいとう》くんが水槽《すいそう》に給食の残りのカレーを入れたからだということが、目撃者《もくげきしゃ》の証言で明らかになった。

ならば悪いのは斉藤《さいとう》くんなのか。ところがここで、斉藤《さいとう》くんが川路《かわじ》くんに、水槽《すいそう》にカレーを入れろと脅《おど》されている現場を目撃《もくげき》した証言が現れた。ならば本当に悪いのは川路《かわじ》くんなのだろうか。いやそれもまだ決定ではない。さっきも書いたように、人の目は簡単《かんたん》に信用できない。川路《かわじ》くんと斉藤《さいとう》くんがふざけあっていたときに、証言者である安藤《あんどう》さんの目には、斉藤《さいとう》くんがいじめられているように見えたということだってあるかもしれない。本当のところはまだわからない。反省会のときには発言しなかったけれど、現場の目撃者《もくげきしゃ》は他にもいるかもしれないし、違《ちが》う情報を持っている人がいるかもしれない。これがもし推理《すいり》小説や刑事《けいじ》ドラマならば、最初と最後しかスポットが当たらなかった森くんが、じつは事件のカギを握《にぎ》っていた、という展開だってあるかもしれない。

事件は毎日起きている

ここまでは学校のクラスの話。その意味ではとても小さな社会。この世界はもっと大きい。学校があって村や町がある。その村や町がいくつかふくまれる市があって、その市がいくつも集まって県になる。そして四十七の県（正しくは四十三の県と二つの府《ふ》とひとつの道《どう》と都《と》）によって、構成される国家（あなたや僕《ぼく》の場合は日本という国）がある。

世界を構成する単位としては、国が最大なわけじゃない。東アジアやオセアニアなど、多くの国を単位とする「地域《ちいき》」が世界中にある。小さな「地域《ちいき》」はさらに大きな「地域《ちいき》」に組み込《こ》まれ、最後にはこの地球がある。

そんな地球の表面で僕《ぼく》たちは暮《く》らしている。表面積は約五億九九五万平方キロメートル。このうち陸地部分は一億四千八八九万平方キロメートル。ここにおよそ七十億人(二〇一一年度)の人間が暮《く》らしている。

互《たが》いに顔見知りで、たぶん四十人にも満たないあなたのクラスだけでも、毎日のようにいろいろな問題が起きる。この国の人口は約一億二千八百万人。四十人のクラスの場合には反省会ができるけれど、より大きな社会の場合には、毎日みんなが集まって反省会をやることなど不可能だ。でもこれだけ人がいるのだから、毎日のようにいろいろな問題がいろいろな場所で起きている。

一億二千八百万人のなかにはいろいろな人がいる。生活にこまって他人の財産を横取りしようとする人がいる。お酒に酔《よ》っ払《ぱら》った勢《いきお》いで喧嘩《けんか》をして、誰《だれ》かに大怪我《おおけが》をさせてしまう人がいる。自分の欲望《よくぼう》を抑《おさ》えられずに、弱い人を傷《きず》つけたり殺してしまう人がいる。

この社会では、毎日のようにいろいろな事件が起きている。争いや諍《いさか》いが起きている。同じ社会で暮《く》らしているのだから放置はできない。できるだけ解決しなくてはならない。傷《きず》つけられたり被害《ひがい》を受けた人に対しては、できるかぎり救わなくてはならない。誰《だれ》かに被害《ひがい》を与《あた》えたり傷《きず》つけたりする人が増《ふ》えないように、何か工夫《くふう》をしなければならない。そうしないと自分の利益ばかりを優先《ゆうせん》する人が増《ふ》えてくるかもしれない。

できるだけ安全で平等で豊かな社会生活を、できるだけ多くの人が営《いとな》むため、この社会にはルールができた。でもいくらルールを作っても、みんながそのルールを守らなければ意味がない。ならばこの社会は、みんながルールを守るために、どんな工夫《くふう》をしているのだろう。それに守らねばならないルールは、そもそもはいつ、どのようにして、決まったのだろう。

社会には職員室はない。反省会もないし、担任《たんにん》の先生もいない。でもきっと、その代わりをする何かがあり、誰《だれ》かがいるはずだ。

その何かと誰《だれ》かを、これから一緒《いっしょ》に考えてみよう。

【考えよう】

○ 誰《だれ》か一人の言うことだけでは、本当のすがたがわからなくなるのはどうしてでしょうか。

○ あなたは、この社会で、みんながルールを守るためにどんな工夫をしていると思いますか。

作者紹介／解説は246ページ

ユタとふしぎな仲間たち

三浦《みうら》　哲郎《てつお》

ちょうどその日は土曜日だったので、ぼくは学校から帰って昼食を済《す》ませると、すぐ家を出て、谷川沿《ぞ》いに〈どんどん淵《ぶち》〉の方へさかのぼっていった。すると、いる、いる、いる——ペドロをはじめ、ダンジャ、ジュノメェ、ゴンゾ、トガサ、ジンジョ、モンゼ、ジュモンジ、ヒノデロの九人の仲間たちが、〈どんどん淵《ぶち》〉へ落ちこんでいるちいさな滝《たき》の滝壺《たきつぼ》のふちにしゃがんで、てんでにオムツの洗濯《せんたく》をしているではないか。

「やあ、みんな。しばらくだったね。……やってるね。」

ぼくは、すこし離《はな》れたところに立ち止まって、そう声をかけた。みんなは顔を上げてぼくを見ると、一様《いちよう》にてれくさそうな笑いを浮《う》かべながら、「よお。」とか、「おっす。」とか、「はあい。」とかいったが、ヒノデロだけがぴょこんと立ち上がると、

「あら、いやだわ。」

ちょっとぼくをにらむようにして、短い着物の裾《すそ》で膝小僧《ひざこぞう》を隠《かく》そうとした。

「なあ、ユタよ。」と、ペドロがいった。「ごらんのとおり、おれたちはいま恥《は》ずかしいかっこうをして、お洗濯《せんたく》なさってるんだ。悪いけど、あんまりそばまでこねえように願いてえな。」

もちろん、ぼくだってそのくらいのエチケットは心得《こころえ》ている。彼《かれ》らはいつも、カスリの筒袖《つつそで》の着物の下には、オムツだけしか身に着けていないのだ。そのオムツをはずして、洗濯《せんたく》しているところに、あんまり近寄っては不作法《ぶさほう》になる。

「わかってるよ。」と、ぼくは、まだもじもじしている恥《は》ずかしがり屋のヒノデロへ、ちょっと片目《かため》をつむってみせていった。「ぼくはここで、こっちを向いて待ってるからね。まあ、ゆっくり、きれいに洗濯《せんたく》してくれ。」

ぼくは、そばの手頃《てごろ》な岩に腰《こし》をおろして、しばらく背中《せなか》で滝《たき》の音を聞いていた。

「どうだ、おれのいったとおりに梅雨《つゆ》が明《あ》けたろう。」

やがてペドロがそういった。

「ほんとだ。それに雨が降《ふ》りはじめるときだって、きみがいったとおりだったよ。」

「そうだろう。おれは嘘《うそ》なんかいったことがねえ。」

「……ところで、ねえ、ペドロ。」

すこし間《ま》を置いてから、ぼくはいった。

「ぼくはきみに謝《あやま》らなきゃいけないことがあるんだ。」

「謝《あやま》る？　なんのこったい。」

「ぼくはね、こんどの梅雨《つゆ》についてのきみの予言《よげん》を、分教場《ぶんきょうじょう》のみんなに話しちまったんだよ、まるでぼく自身が予言者《よげんしゃ》みたいな顔をして。初めはそんなつもりじゃなかったんだけど、つい、そんなことになっちゃったんだ。」

「……ふん。それで？」

「それで、予言《よげん》が二つとも、ぴたりと当たっちゃったもんだから、みんなびっくり仰天《ぎょうてん》し

ちゃってさ、急にぼくを仲間に入れてくれるようになったんだよ。」

「結構《けっこう》なこっちゃねえか。」と、ペドロはいった。「やつらはきっと、おめえのことを、こいつはただ者じゃあねえと見直したんだよ。」

「だけど、そうだとすると、ぼくは買いかぶられたことになるんだよ。だって、梅雨《つゆ》の予言《よげん》をしたのはぼくではなくて、きみなんだからね。ぼくはただ、それをみんなに伝えただけなんだから。」

「まあ、いいってことよ。」と、ペドロはいった。「それにしたって、なにもおれに謝《あやま》ることなんかねえんだ。おめえはこれまで、村の連中《れんちゅう》に見損《みそこ》なわれていたんだからな。こんどのことが、連中《れんちゅう》におめえを見直させる一つのきっかけになったんなら、そりゃあ、おれの方だってうれしいくらいだ。」

「ありがとう。」と、ぼくはいった。「そういってもらうと、ぼくも気持ちが楽になるんだ。ぼくはね、自分の人気取りのためにきみの予言《よげん》を利用したことになるんじゃないかと思って、なんだか気がとがめていたんだよ。」

「水臭《みずくせ》えな。おれたちは仲間じゃねえか。これからだって、なにかおめえの役に立つことがあったら、遠慮《えんりょ》なしに声をかけてくれよ。おれたちは、まあ、いってみれぁ人間のなりそこないだからな。だれか人間の役に立つことがうれしいんだよ。」

ペドロはいった。

だれかが歌をうたい出した。ひと節《ふし》うたうと、みんなが声をそろえてひと節《ふし》うたう。歌の文句はわからないが、のんびりとした節《ふし》まわしで、ちょっとよいとまけの歌に似《に》ている。ぼくは、それを聞きながら、ひょっとしたら、これは大昔に彼《かれ》らが母親の背中《せなか》でいちどか二度は聞いたことがある洗濯女《せんたくおんな》の歌なのかもしれないと思った。

やがて、歌がやんで、洗濯《せんたく》が終わった。彼《かれ》らは、棒《ぼう》のように絞《しぼ》ったオムツを肩《かた》に担《かつ》ぐようにして、ぞろぞろ滝壺《たきつぼ》から引きあげてきた。

「待たせたな。」

「これから、どうするんだい？」

と、ぼくは先頭のヒノデロにきいた。

「これを乾《かわ》かしにいくんだわいな。」

ヒノデロはそういったが、彼《かれ》だけは絞《しぼ》ったオムツを、両手で背中《せなか》に隠《かく》していた。

「乾《かわ》かしに、どこへいくの？」

「長者山《ちょうじゃやま》のてっぺんまで。」

ぼくは、びっくりした。長者山《ちょうじゃやま》といえば、隣村《となりむら》との境《さかい》に連《つら》なっている小高《こだか》い山脈《さんみゃく》のなかでも、最《もっと》も高くて険《けわ》しい山なのである。たかが洗濯物《せんたくもの》を乾《かわ》かすのに、どうして長者山《ちょうじゃやま》のてっぺんまで登らなければならないのだろう。

みんなは一列になって、すたすたとぼくの前を通っていく。いちばん最後に、ペドロがきたので、ぼくはあわてて彼《かれ》と並《なら》んで歩き出しながら、

「これから長者山《ちょうじゃやま》までいくんだって？」

「うん。長者山《ちょうじゃやま》のてっぺんあたりを、高圧線《こうあつせん》が通ってるだろう？　長者山《ちょうじゃやま》のてっぺんにも、でっかい鉄塔《てっとう》が立っている。あすこが、ここらじゃ一等風当たりがいいからな、いつも洗濯物《せんたくもの》は、あすこの高圧線の電線に干《ほ》すことにしてるんだ。どうだ、いっしょにいってみるか？」

「い、いってもいいんだけどね。」と、ぼくはちょっとあわてていった。「だけど、ぼくの足で、あすこまで登れるかなあ。」

「なあに、わけもねえさ。歩きでいくんじゃねえんだからな。」

ペドロがそういうので、ぼくはまたびっくりした。

「歩いていくんじゃないって？　じゃ、どうやっていくの？」

「乗り合いバスでいくんだよ。」

「……？」

ぼくは思い出した—梅雨《つゆ》がはじまる前の日に、やはりペドロが乗り合いバスに乗っていくといって、ふいに空を飛んでいったことを。

「まあ、黙《だま》ってついてきな。ひさしぶりでスカッとしようぜ。」

ペドロはいった。

途中《とちゅう》から川筋《かわすじ》を離《はな》れて、森のなかの小道にはいった。ペドロたちは、人間なら五つか六つぐらいの子どももとおなじ身体《からだ》つきをしているのだから、もちろんコンパスだって、ぼくよりずっとちいさい。それなのに、山の小道へはいると、すたすたと、じつに早く歩くのである。ぼくは、ペドロのあとについて、列のしんがりを歩いていたが、時折《ときおり》小走りになって、ひらきすぎた間隔《かんかく》を詰《つ》めなければならなかった。

【考えよう】

○ ユタは、ペドロに何を謝《あやま》りたかったのでしょうか。ペドロは謝《あやま》ってもらうことをどう感じていたのでしょうか。

○ 自分と考え方の異《こと》なる人を信頼《しんらい》していくには、どうしたらよいでしょうか。

作者紹介／解説は246ページ

読んでみよう

ほかにも、こういう作品があります。

『西の魔女が死んだ』 梨木香歩（新潮文庫）
『冒険者たち―ガンバと15ひきの仲間』 斎藤惇夫（岩波少年文庫）
『窓ぎわのトットちゃん』 黒柳徹子（講談社青い鳥文庫）
『フランダースの犬』 ウィーダ、村岡花子訳（新潮文庫）

明日に向かってペダルを踏《ふ》んだ

坂本　九《きゅう》

身体障がい者にとって、最大のテーマは社会参加であろう。「ふれあい広場・サンデー九」も「実現しよう社会参加」をテーマにした番組がたくさん作られた。

昭和五十八年六月に放送された第三四五回「明日に向かってペダルを踏んだ—施設《しせつ》訓練生の自立」もそのひとつである。

番組の冒頭《ぼうとう》で九は、札幌豊平《さっぽろとよひら》区にある知的障がい者施設・ノビロ学園の前に立って、語りかけた。

「この学園最古参の高橋昇君が、この春に学園を離《はな》れて自立しました。ええ、とてもうれしい話題なんです。二十六歳の障がい者訓練生が、社会に自立するまでの過程、自立後のいまの生活、今朝はその明るい話題を追いかけてご覧《らん》いただきます」

画面は学園に近い「ノビロ・ワークショップ　ノビロとノボルの店」に変わり、高橋君がはじめた自転車店を紹介《しょうかい》しながら、九のインタビューを流していく。

「オープンして一か月だそうだけど、どう、何台売れた？」「自転車修理の出前も引き受けるんだって？」と、笑顔《えがお》で問いかける九、それに答える高橋君。

じつは九と高橋君は、このときが初対面ではなかった。音楽を通して心のバリアフリーを実現しようと結成された障がい者たちのロックバンド「ノビロブラザーズ」で、高橋君はドラムをやっていた。「ノビロブラザーズ」はあのベンチャーズと競演したこともあり、九も一緒《いっしょ》にステージに立ったことがあったのだ。

高橋君の自立は、「あのベンチャーズとの競演にあったと思う」と、同席したノビロ学園の橘《たちばな》副園長さんが脇《わき》から答える。「あれで人の前に出ることに自信を持ち、たくましくなった」。九はそれを聞きながら笑顔《えがお》でうなずく。

もちろん高橋君の自立を支えたのはそれだけではない。富岡自転車店での実習、むずかしい修理はそのお店に今でも手伝ってもらっていること、サポートするノビロ学園の二人のスタッフ、店の土地を無償《むしょう》で提供してくれた富岡さんはじめ地域《ちいき》の人びとなど、支えとなってくれる数多くの人がいた。

こうした事実が淡々《たんたん》とつづく画面は、やがて新緑の中を自転車で走る高橋君に変わる。かぶさるように九のモノローグが入る。

「はじめて高橋君と会ったのはもうずいぶん以前だけど、こんな日が来るなんて想像もつかなかった。彼、お父さんは死んで、お母さんは入院中なんですよね。おじいさん、おばあさんに育てられたそうですが、そのおじいさん、おばあさんも、もうこの世にはいません。でもいい先生、いい仲間、理解ある地域《ちいき》の人たちに恵まれてここまできました」

モノローグの最後はこう語りかける。「ほらほら、遅《おく》れるなよ。しっかり踏《ふ》んで！　そう、がんばっていこう」

画面は再びノビロとノボルの店の前にもどる。九はTVの視聴者《しちょうしゃ》に向けて語りかける。

「自転車好きのみなさん、サイクリングの途中《とちゅう》でも、パンクで困っているときでも、気軽に立ち寄ってあげてください。ハンディキャップを負い、肉親の縁《えん》のうすい生い立ちでしたが、じっとがまんして自立したひとりの青年の〝夢〟。それはお金では買えませんが、その〝夢〟にひとこと声をかけてくださいい」

【考えよう】

○　ポップス界で世界的ヒットをはなった坂本九さんは、どんな気持ちで障がい者の社会参画《さんかく》を応援《おうえん》していたのでしょうか。

○　障がい者が社会参画《さんかく》しているように、よりよい社会の実現のために、あなたは、進んで行動していることは何かありますか。

作者紹介／解説は247ページ

よだかの星

宮沢《みやざわ》　賢治《けんじ》

よだかは、実《じつ》にみにくい鳥です。

顔は、ところどころ、味噌《みそ》をつけたようにまだらで、くちばしは、ひらたくて、耳までさけています。

足は、まるでよぼよぼで、一間《いっけん》（約一・八メートル）とも歩けません。

ほかの鳥は、もう、よだかの顔を見ただけでも、いやになってしまうというぐあいでした。

たとえば、ひばりも、あまり美しい鳥ではありませんが、よだかよりは、ずっと上だと思っていましたので、夕方など、よだかにあうと、さもさもいやそうに、しんねりと目をつぶりながら、首をそっ方《ぽ》へ向けるのでした。もっとちいさなおしゃべりの鳥などは、いつでもよだかのまっこうから悪口をしました。

「ヘン。また出て来たね。まあ、あのざまをごらん。ほんとうに、鳥の仲間のつらよごしだよ。」

「ね、まあ、あのくちの大きいことさ。きっと、かえるの親類か何かなんだよ。」

こんな調子です。おお、よだかでないただの鷹《たか》ならば、こんな生《なま》はんかのちいさい鳥は、もう名前を聞いただけでも、ぶるぶるふるえて、顔色を変えて、からだをちぢめて、木《こ》の葉のかげにでもかくれたでしょう。ところがよだかは、ほんとうは鷹《たか》の兄弟でも親類でもありませんでした。かえって、よだかは、あの美しいかわせみや、鳥の中の宝石《ほうせき》のような蜂《はち》すずめの兄さんでした。蜂《はち》すずめは花の蜜《みつ》をたべ、かわせみはお魚を食べ、よだかは羽虫《はむし》をとってたべるのでした。それによだかには、するどい爪《つめ》もするどいくちばしもありませんでしたから、どんなに弱い鳥でも、よだかをこわがるはずはなかったのです。

それなら、たかという名のついたことは不思議なようですが、これは、一つはよだかのはねがむやみに強くて、風を切って翔《か》けるときなどは、まるで鷹《たか》のように見えたことと、も一つはなきごえがするどくて、やはりどこか鷹《たか》に似《に》ていたためです。もちろん、鷹《たか》は、これをひじょうに気にかけて、いやがっていました。それですから、よだかの顔さえ見ると、肩《かた》をいからせて、早く名前をあらためろ、名前をあらためろと、いうのでした。

ある夕方、とうとう、鷹《たか》がよだかのうちへやって参《まい》りました。

「おい、居《い》るかい。まだお前は名前をかえないのか。ずいぶんお前も恥《はじ》知らずだな。お前とおれでは、よっぽど人格《じんかく》がちがうんだよ。たとえばおれは、青いそらをどこまでも飛んで行く。おまえは、曇《くも》ってうすぐらい日か、夜でなくちゃ、出て来ない。それから、おれのくちばしや爪《つめ》を見ろ。そして、よくお前のとくらべて見るがいい。」

「鷹《たか》さん。それはあんまり無理《むり》です。私の名前は私が勝手につけたのではありません。神《かみ》さまからくださったのです。」

「いいや。おれの名なら、神《かみ》さまから貰《もら》ったのだと言ってもよかろうが、お前のは、いわば、おれと夜と、両方から借りてあるんだ。さあ返

せ。」

「鷹《たか》さん。それは無理《むり》です。」

「無理《むり》じゃない。おれがいい名を教えてやろう。市蔵《いちぞう》というんだ。市蔵《いちぞう》とな。いい名だろう。そこで、名前を変えるには、改名《かいめい》の披露《ひろう》というものをしないといけない。いいか。それはな、首へ市蔵《いちぞう》と書いたふだをぶらさげて、私は以来市蔵《いらいいちぞう》と申《もう》しますと、口上《こうじょう》を言って、みんなの所をおじぎしてまわるのだ。」

「そんなことはとてもできません。」

「いいや。できる。そうしろ。もしあさっての朝までに、お前がそうしなかったら、もうすぐ、つかみ殺すぞ。つかみ殺してしまうから、そう思え。おれはあさっての朝早く、鳥のうちを一《いっ》軒《けん》ずつまわって、お前が来たかどうかを聞いてあるく。一軒《いっけん》でも来なかったという家《うち》があったら、もう貴様《きさま》もその時がおしまいだぞ。」

「だってそれはあんまり無理《むり》じゃありませんか。そんなことをするくらいなら、私はもう死んだほうがましです。今すぐ殺してください。」

「まあ、よく、あとで考えてごらん。市蔵《いちぞう》なんてそんなにわるい名じゃないよ。」

鷹《たか》は大きなはねを一杯《いっぱい》にひろげて、自分の巣《す》のほうへ飛んで帰って行きました。

よだかは、じっと目をつぶって考えました。

(いったい僕《ぼく》は、なぜこうみんなにいやがられるのだろう。僕《ぼく》の顔は、味噌《みそ》をつけたようで、口は裂《さ》けてるからなあ。それだって、僕《ぼく》は今まで、なんにも悪いことをしたことがない。赤ん坊《ぼう》のめじろが巣《す》から落ちていたときは、助けて巣《す》へ連れて行ってやった。そしたらめじろは、赤ん坊《ぼう》をまるでぬす人《びと》からでもとりかえすように僕《ぼく》からひきはなしたんだなあ。それからひどく僕《ぼく》を笑ったっけ。それにああ、今度は市蔵《いちぞう》だなんて、首へふだをかけるなんて、つらいはなしだなあ。)

【考えよう】

○ みんなからきらわれていたよだかは、どんな気持ちだったのか、想像してみましょう。

○ 人は見た目だけではわかりませんね。そんな経験がないかふりかえりましょう。

作者紹介/あらすじは248ページ

くちぶえ番長

重松《しげまつ》　清《きよし》

「ワンが死んだの、悲しいか？」

「……うん」

「よかったな」

「え？」

「だってそうだろ。ツヨシはワンのことをほんとうに大好きだったから、悲しいんだ。大好きじゃなかったら悲しまずにすむけど、そっちのほうが悲しいじゃないか」

パパの言葉は、難《むず》しくて、よくわからなかった。

でも、パパがつづけて言った「ツヨシがワンのことを好きでいてくれて、うれしいよ」の一言は、すうっと胸《むね》に染《し》み渡《わた》っていった。

「これからも、たくさん好きな相手ができるといいな、ツヨシ」

「でも……ワンは犬だけど……」

「同じだよ。とにかく、いなくなったら悲しくて泣いちゃうぐらい大好きな相手がいるってのは、幸せなことなんだよ」

パパはそれきり、もうなにも言わなかった。ぼくも黙《だま》って、窓《まど》の外をぼんやり見つめるだけだった。

やがて、ぼくは居眠《いねむ》りをした。

ワンの出てくる夢を見た。

ワンは元気いっぱいにぼくのまわりを走っていた。

最後にしっぽをクルクルッと振《ふ》って、遠くに駆《か》けだして、そのまま、消えた。

途中《とちゅう》で渋滞《じゅうたい》に巻きこまれたせいで、家の近所まで帰り着いたのは夕方だった。

熊野《くまの》神社の前を車が通りすぎるとき——境内《けいだい》のカシの木の枝に座《すわ》っている人影《ひとかげ》が見えた。

「ちょっと停《と》めて、パパ」

ウチの学校であの高さの枝に登れる女子は、六年生や五年生を入れても、たった一人しかいない。

マコトだ――。うん、間違《まちが》いない、あの野球帽《ぼう》は昨日マコトがかぶっていたのと同じ色だし。野球帽《ぼう》をかぶっている女子なんて、マコトしかいないし。

車を降りて、境内《けいだい》に駆《か》けこんだ。木の下から「おーい！」と声をかけると、マコトは「さっきから見てたよ」と笑って、昨日と同じように野球帽《ぼう》のツバを下げた。

「マコト、降りてこいよ」

「やーだね」

「なんでだよお……」

昨日のお礼を言いたかった。でも、マコトもそれをわかっているから、降りてこないのだろう。

「ツヨシ、これ、貸してあげる」

野球帽《ぼう》を脱《ぬ》いで、下に放った。ふらふらと揺《ゆ》れながら落ちる野球帽《ぼう》を両手で捕《と》ると、マコトは「かぶってれば？」と言って、「泣いてるところ、女子に見られたくないでしょ？」と笑った。

ぼくは黙《だま》って野球帽《ぼう》をかぶろうとして――ツバの裏《うら》に書いてある字に気づいた。

〈泣きたいときには、くちぶえ！〉

マコトは遠くの町並みを眺《なが》めたまま、「これ、お母さんのお下がりの野球帽《ぼう》なの。お父さんが死んだあと、お母さん、ずうっとこれをかぶってたの」と言った。

くちぶえを吹《ふ》くと、涙《なみだ》が止まる——そういえば五月か六月にそんなこと言ってたな、マコト。

「ほんとだよ」とマコトは言って、お手本を示すようにくちぶえを吹《ふ》きはじめた。

『今日の日はさようなら』のメロディーだった。

ぼくも野球帽《ぼう》をかぶって、くちぶえを吹《ふ》いた。口をとがらせて大きな音が出るようにがんばって吹《ふ》くと、ほんとうだ、目からあふれそうだった涙《なみだ》が止まった。

ぼくたちのくちぶえは、音が重なったり離《はな》れたりしながら、いつまでも、夕暮《ぐ》れの空に響《ひび》いていた。

【考えよう】

○「いなくなったら悲しくて泣いちゃうぐらい大好きな相手がいるってのは、幸せなことなんだよ」というお父さんの言葉に、ツヨシはどう思ったでしょうか。

○ツヨシとマコトのような友達関係をあなたはどう思いますか。

作者紹介／あらすじは249ページ

ブンナよ、木からおりてこい

水上《みなかみ》　勉《つとむ》

鼠《ねずみ》さん……なぜ泣くのかね、あんたは、おそろしいへびがいままでそこにいて、死ぬ思いだったのとちがうのかね。自分のほうが先につれてゆかれるとばかり観念《かんねん》していたのに、土へもぐりかけていたへびのほうが先にもってゆかれて、ほっとしたのではないのかね。鼠《ねずみ》さん、なぜ泣くの……。

ブンナはいきおいよく外へ出ていって、鼠《ねずみ》をなぐさめてやりたかった。いや、へびがいなくなったことを、鼠《ねずみ》とともにおどって喜びたかった。鳶《とび》がいかに、冷静に公平に判断《はんだん》したかもほめたかった。ところが、前にもいったように、ブンナは出てゆくわけにいかないのです。いまからでもくわれるかもしれませんし、かりに、鼠《ねずみ》に力がなくても、鼠《ねずみ》はたすかりたいために鳶《とび》につげ口するかもしれません。ブンナは、自分も穴《あな》にもどれてたすかったのと、鳶《とび》に先にもってゆかれなくてよかった鼠《ねずみ》のために祝福しながら、その鼠《ねずみ》がなぜだか、しおれたれて泣く声を、だまってきいているしかなかったのです。

　ところが、やがて鼠《ねずみ》は、ぴたりと泣くのをやめました。そしてもううごくこともせず、じっとそこにうずくまっているけはいでした。と、ブンナの耳に、鼠《ねずみ》のなにかしぼり出すような声がしました。なにか苦しみながら、物を言っているようだ、とブンナは耳をすましますが、よくきこえません。ブンナは、鼠《ねずみ》が死ぬのではないか、と思って、勇気をだして、へびがひきだされたあと自然と土のたまってしまった穴《あな》の口を鼻さきであけて、顔をだしました。鼠《ねずみ》がへりの隅《すみ》にたおれています。ふるえながらなにかいっている。ブンナは、穴《あな》からとび出た。外は小《こ》雨《さめ》がふっています。

「鼠《ねずみ》さん、鼠《ねずみ》さん」

　ブンナはよびました。鼠《ねずみ》はびっしりぬれています。が、ぴくっとうごきをとめました。

「かえるくん、やっぱりいたのかね」

と、これが鼠《ねずみ》のいった最初の声でした。

「はい、ぼく……地めんの中に」

とブンナはいいました。

「鼠《ねずみ》さん、元気をだしてください……鼠《ねずみ》さん……」

すると、鼠《ねずみ》は手足を拝《おが》むようにあわせてのばして、

「かえるくん……きいてくれ」

といいました。ブンナはよってゆきました。

鼠《ねずみ》はいいます。

「きみは、きいていたろう。ぼくが、鳶《とび》にへびを売ったのを……おれが鳶《とび》に、へびの尾《お》っぽをこう高くのばして、くわえてくれ、とさしだしたのをおまえさんはみていたろう」

「いいえ、地めんの中にいたのでわかりませんでした」

とブンナはいいました。事実それはみえなかった。

「そうか。でも、なさけないことだ。おれというヤツは……自分がもうこんなザマなのにへびを先にくってくれと鳶《とび》にさしだしていたんだよ」

「鼠《ねずみ》さん、おかげでぼくは助かりました。礼をいいます。鼠《ねずみ》さん、元気をだしてください。もうじき雨もやみます。夜がきたら、月も出ます。そしたら、また元気をだしてここからおりてください」

「おれにはそんな元気はない……いちど失敗しているしね。かえるくん」

「はい……知っています。でもなんど失敗してもいいじゃないですか。なんどもやってみてにげられたらいいでしょう」

「みろよ、かえるくん。この傷《きず》だ。あいてて、こいつはいけねえ。なんだか耳なりがはじまった。おれは死にそうだ。ああ、これは、おむかえの音だ……かえるくん、おまえさん、よく地めんにもぐっていれたね。おれはここで死ぬよ……おりるのは、おまえさんの番だ……かえるくん」

「鼠《ねずみ》さん」

「なあんも遠慮《えんりょ》はいらねえ、おれは死ぬことで、いま、鳶《とび》に勝てるのだ。死んだヤツを鳶《とび》はきらう。おれのいっていることがわかるか。かえるくん」

「…………」

「おれが死ねば、ここの土になる。からだはいつかくさって土になるんだ。おれはかえるくんが暮《く》らしてた地めんと同じ土になるんだ。死んで土になるのはみな生きものの道だよ。鳶《とび》だって百舌《もず》だって。死ねばみな地めんだ。だれがこの世にハクセイのように空にとまって死んでる動物をみたことがあるか」

「…………」

「みんな死ぬときはいっしょ。土になりにゆくんだよ。その土になる途中《とちゅう》で……かえるくん、おれのからだから、虫が出てくるはずだ。その虫は、やがて羽がはえて、空へとび立ってゆくだろう。かえるくん、きみは、それをくって、元気なからだになりたまえ。そうして、おれの代わりにこの木をおりるんだ。おれから出た虫をくったきみが、元気になって、この木をおりてくれたらうれしい。そうしておれの仲間にも、おふくろにもあってくれたら、おれがおりたこととちっともかわらないじゃないか。かえるくん、きみは、ぼくになるんだから」

「…………」

「おまえさんが、おれのおふくろや兄弟にあってくれる。おれがゆくのと同じことなんだ! かえるくん、生きているものは、みんなたべあってなんやかやに生まれかわってつながってい るんだよ。わかるか、みんなだれかの生まれかわりなんだ。それでいいんだ。それでいいんだ。 かえるくん、遠慮《えんりょ》せずに、おれをたらふくくいたまえ。そして、ここをおりて、おれのかわり に仲間にあってくれ……」

鼠《ねずみ》の声は、ひきしぼるように細くなり、やがて、両手足を合掌《がっしょう》するようにのばしたまま、か らだをくの字にまげてこと切れました。

「鼠《ねずみ》さーん」

ブンナはさけびました。

風が出てきました。雨はふりつづいているのです。と、空にまた音がして鳶《とび》かなと思いまし たが、やはり風で、ふきんの樹々《きぎ》がゆれているのでした。ああ、寒い風がふいているな。鼠《ねずみ》さ んは死んだ、とブンナは思いました。

【考えよう】

○　どうして、鼠《ねずみ》はおそろしいへびがいなくなったのに、泣いているのでしょうか。

○　鼠《ねずみ》は「おれは死ぬことで、いま、鳶《とび》に勝てるのだ」と言っています。それを聞いたブンナは、どのように思ったでしょうか。

作者紹介／あらすじは250ページ

甲子園《こうしえん》球場へ行こう

神林《かんばやし》　照道《てるみち》

売り子さんと仲良しに～気配りの重要性～

私は、朝七時からその日の試合が終わるまで一日中スタンドで観戦をしています。そうしていると、こんなことにも気づくのです。

スタンドにはたくさんの売り子さんが来ます。売り歩く品物は、いろいろです。一番多いのが、ビール。ほかには、アイスコーヒー、ボトルのドリンク、甲子園《こうしえん》名物の「かちわり*」、弁当、焼きそば、冷凍《れいとう》みかん（最近はなくなりました）などです。

売り子さんのほとんどは、大会期間中のアルバイトです。高校生、大学生、一般《いっぱん》の人など、いろいろな人がいます。そうした売り子さんを毎日見ていると、学ぶことがたくさんあります。

*かちわり：氷を大きめに割って、ビニール袋に入れたもの。

私は、アルバイトの売り子さんを、三つのタイプに分けてみました。

Ａ　自分の担当《たんとう》する品物をひとつでも多く売ることに専念《せんねん》しているタイプ

・大きな声を張り上げて売り歩く。

・早足でスタンドを回る。

・笑顔《えがお》を振《ふ》りまきながら歩く。

・買ってくれそうなお客に声をかけながら回る。

・自分でつくったキャッチフレーズをカードに書いて、それを見せながら歩く。

・夕方、勤務《きんむ》時間が過ぎても売ってる。

Ｂ　品物を売ることと試合を観《み》ることを両立させているタイプ

・観衆の声や拍手《はくしゅ》があると目はグランドにいく。

・好試合が予想されているときは、休憩《きゅうけい》をして観戦している。

・準決勝や決勝のときは、仕事をやめてスタンドで観戦する。

Ｃ　体力づくりを目的にしているタイプ

・自分の体調に合わせて勤務《きんむ》している。

私は、スタンドではアルコール類を口にしないことにしています。初めのころはビールを飲んだこともありましたが、飲んでしばらくすると睡魔《すいま》におそわれ、二〇~三〇分間居眠《いねむ》りしてしまいます。そのせいで好プレーを見逃《みのが》してしまったことがありました。その後は、もっぱらアイスコーヒーのお世話になっています。

ビールでなくアイスコーヒーをスタンドで飲むようになると、ふしぎと売り子さんに関心が湧《わ》いてきました。アイスコーヒーを売る売り子さんだけでも何人もいますが、私は一人を選んで、その人にアイスコーヒーをたのむようにしました。

一〇年以上お世話になった売り子さんがいます。私は、その方を「アコちゃん」とよんでいました。教え子の亜紀子《あきこ》さんによく似《に》ているからです。

アコちゃんは、プロの売り子さんです。だから、毎夏、アコちゃんに会うことができました。彼女《かのじょ》に会うことも甲子園《こうしえん》行きのたのしみになっていました。

アコちゃんに決めたのは、彼女《かのじょ》がお客の側に立ってアイスコーヒーを売ってくれていたからです。アコちゃんのつくってくれるコーヒーには氷がたくさん入っています。一杯《いっぱい》のアイスコーヒーを長い時間味わうことができます。コーヒーを飲み終わっても、氷を楽しむことができます。どういうわけか、アコちゃんは、私がアイスコーヒーを欲《ほ》しいと思うときに決まって回ってきます。間違《まちが》いなく彼女《かのじょ》は、私、いや多くのお客さんのことをきちんと頭の中に入れているのです。しかも、彼女《かのじょ》は、コーヒーを注《そそ》いでくれるときに必ず「この打者はプロ野球のスカウトが注目していますよ」などと一言情報をくれます。アコちゃんは、スカウトの人たちとも馴染《なじ》みになっていたからです。そこで仕入れた情報を私にも伝えてくれました。

こんなこともありました。「ネット裏《うら》にタレントの〇〇さんが来ていますよ」と知らせてくれたのです。

さらにアコちゃんは、高校野球本部の人や球場

の関係者ともかかわっていたのでしょう。次の試合で、体調が悪くて先発できない選手のことや、試合後の選手のようすなども教えてくれました。一番ありがたかったのは、次の日の開門予定時刻《じこく》や次の日の観客数の予想もしてくれたことです。

カップにアイスコーヒーを注《そそ》いでいるときのアコちゃんの視線はカップにはありません。その後回る方向のスタンドを見渡《みわた》しています。アイスコーヒーを待っている人を探《さが》しているのです。獲物《えもの》を狙《ねら》う鷹《たか》の目です。私と話をしているときも、ほとんど視線はスタンドに向いていま す。それでも、決して私にいやな感じを与《あた》えません。私が気にならない程度にさりげなくよそを見て、コーヒーを飲みたがっている人をかぎつけているのです。そして私のところから離《はな》れると、コーヒーを待っていそうな人のところへ一直線に向かっていくのです。動きは、とても機敏《きびん》です。

初めて会ってから数年してわかったことですが、アコちゃんは朝スタンドに入ると、まずネット裏《うら》の中央にいるプロ野球のスカウトの方々の席に行きます。コーヒー容器に入っているコーヒーを全部売りつくしてしまいます。すぐに店にもどって、コーヒーを補充《ほじゅう》してスタンドへ。私のところへ来るのはそれからです。朝の回り方は、いつも同じだとのことです。

アコちゃんは、アイスコーヒーを売るのが中心でしたが、時間帯とスタンドの混《こ》み具合、気温によって、売る物を変えています。

「もうすぐお昼になるので、弁当売りに行ってきます。しばらく待っていてください。時間がかかるときは、この子のアイスコーヒーを飲んでやってください」と、必ず断《ことわ》ってくれます。気温が高くて、観衆が多いときはビール売りに変わります。そのときも、別のアイスコーヒー売りの人を紹介《しょうかい》してくれます。

用があって勤務《きんむ》をしないときも、仲間の一人を連れて来て、明日は休むことを伝えてくれます。アコちゃんが休みのときは、代わりの売り子さんがアコちゃんとほぼ同じタイミングで回って来てくれました。そして、休んだ次の日には、「昨日は、大丈夫《だいじょうぶ》でしたか？」とたずねてくれました。

アコちゃんが売り子をしていた何年間か、私はとても助かりました。しかし、そうしたアコちゃんですから、その後、店を任《まか》されるようになり、売り子には出なくなったと聞きました。売り子さんたちに売り方の極意《ごくい》を教える立場になったのです。

その後、私は多くの売り子さんと出会いましたが、アコちゃんのような人には二度と当たりませんでした。一番の違《ちが》いは、視線の向け方です。コーヒーカップをほとんど見ないでコーヒーを注《そそ》ぐことはだれもできませんでした。他の売り子さんも、アコちゃんから売り方の極意《ごくい》を指導してもらったはずなのですが……。

いつしか私は、売り子さんたちによく話しかけるうるさいおじさんになっていました。売り子さんたちにいろいろインタビューしてみると、こんな話が聞こえてきました。

「朝起きたら、足が重くて動けなかったんです。」

「一日中太陽に当たっていたら、パワーがなくなりました。」

「お客さん、この箱は結構《けっこう》重いのですよ。一日担《かつ》いでいると肩《かた》がひりひりします。だから三日間休みましたよ。」

たしかにその通りでしょう。でも、そんなことは仕事をする前にわかっているはずです。彼《かれ》らはお客の側に立つことよりも、自分のことを第一に考えているのですね。

スタンドはとても暑い。長い階段《かいだん》があります。汗《あせ》はどんどん流れるでしょう。体中が痛《いた》くなるでしょう。顔が、腕《うで》が、足が、首が、夏の太陽に照らされます。

売り子のアルバイトをする若《わか》い人たちに、私はたくましさを感じています。一日でも売り子をやってみるのは立派《りっぱ》だと思っています。毎年売り子さんを見て、頭が下がります。でも、アコちゃんのような人には、その後一人も会っていません。今年こそアコちゃんのようなプロの売り子さんに会いたいと、毎年思っています。

二〇〇六年、第八八回大会のときです。第一試合の始まる前、仲間と売り子さんのことが話題になりました。

私は、アコちゃんのプロ魂《だましい》について語りました。そうしたら、仲間の一人が、

「今年、すごい売り子さんがいますよ。その売り子さんは、京都大学の三年生の女子学生さんです。昨日（八月十三日・大会八日目、試合数・四試合）、ビールの売り上げ本数の新記録をつくったそうですよ。」

という話をしました。新聞に紹介《しょうかい》されていたそうです。

京大の女子学生の売り子さんのプロ魂《だましい》は、次のようだそうです。

・紙コップを高々と掲《かか》げ、大きな声でよびかける。

・このお客さんは今ビールを欲《ほ》しがっていると見極《みきわ》め、声をかける。

・買ってくれたお客さんに笑顔《えがお》でお礼を言った後に、ひと言を加えて話す。

・お盆《ぼん》で日曜日の十三日は、新記録樹立《じゅりつ》をめざして、昼食も休憩《きゅうけい》もとらなかった。

・朝七時から夜八時まで、スタンドの最前列から最上段まで、階段《かいだん》を上ったり下りたりし続けた（第四試合の沖縄《おきなわ》・八重山《やえやま》商工対長野・松代《まつしろ》高のときに、激《はげ》しい雷雨《らいう》で四九分間試合が中断されたが）。

・今までの一日の売り上げ記録は四六九本。彼女《かのじょ》の記録は五五六本だった。

アコちゃんや京大の学生さんのようなプロ魂《だましい》の売り子さんに出会って元気をもらいたいと思っている人は、きっと私だけではないでしょう。私はビールは飲みませんが、ぜひその方にお会いしたいと思いました。

【考えよう】

○ アコちゃんは、アイスコーヒーを注《そそ》いでいるときに、そのあとに回る方向を見渡《みわた》して、次のお客さんを探します。それでも私に、いやな感じを与《あた》えないのはなぜでしょうか。

○ プロ魂《だましい》の売り子さんにまた会いたくなるのはどうしてなのか考えてみましょう。

作者紹介／解説は250ページ

じっちゃ先生とふたつの花

本田《ほんだ》　有明《ありあけ》

やっとお寺の下にたどりついたとき、ふたりとも汗《あせ》びっしょりになっていた。

階段《かいだん》のところに先生を待たせて、また八十八段《だん》をのぼった。太陽がまっすぐに照りつけるから、暑くて顔が痛《いた》い。髪《かみ》の毛がじりじりこげるのがわかった。早くしないと、じっちゃ先生がミイラになってしまう。

お寺にあがり、前に寝《ね》かせてもらった建物に入った。

はげ頭のおじいさんが出てきた。

「お坊《ぼう》さんはいませんか?」

のどがかわいて、うまく声が出なかった。

「わしがそうだが。きみはだれかな?」

「石川健太《けんた》と言います。もっと大きくて、若《わか》いお坊《ぼう》さんは?」

「ああ、妙心《みょうしん》か。わしのせがれだ。いま出かけておる」

「何時に帰りますか?」

「たぶん夜になるだろう。法事《ほうじ》が重なってな」

またすぐにかけだした。そして階段《かいだん》をおりる前に、花壇《かだん》のほうに目を向けた。

「あっ」と声が出た。しあわせの花2号がない。

近くに行ってよく見ると、2号のところだけ土がえぐられ、根っこが外に出ていた。茎《くき》から上の部分がない。さっきはなんともなかったのに。

頭のなかがお湯みたいに、かっと熱くなった。ぐらぐらして、しばらく動けなかった。先生のことを思いださなかったら、ずっとそこにいたかもしれない。

階段《かいだん》の一段《だん》目で足をふみはずし、五段《だん》くらいすべり落ちた。腰《こし》の骨《ほね》が折れたかと思うほど痛《いた》かった。ぎゅっと歯をかみしめて、なんとか下までおりた。

そこでまた、声が出た。じっちゃ先生が倒《たお》れていたのだ。目をつぶり、口からあぶくのようなものを流して。

起こそうとしたとき、道の向こうを子どもが三人、走っていくのが見えた。

先生の横に、しあわせの花1号が落ちていた。鉢《はち》がわれて、あたりに土が飛び散っている。登校日の2号と同じだった。

じっちゃ先生は、その日から入院した。日射病《にっしゃびょう》ということだった。

ずっとうでに針《はり》を刺《さ》され、点滴《てんてき》というものを受けた。先生は平気だと言ったけれど、ぼくにはとても痛《いた》そうに見えた。

でも、すぐに死んでしまわなくてよかった。

おばあさんには、ちゃんとあやまった。おばあさんは今度も、あなたのせいじゃないと許《ゆる》してくれた。でも、ほんとうはぼくのせいだ。じっちゃ先生がもっと元気になるまで待てば、こんなことにはならなかった。

お寺の階段《かいだん》の下に倒《たお》れている先生を見たとき、ぼくはどうしていいかわからなかった。かんかん照りなのに、からだがふるえた。

そのうち救急車のサイレンが近づいてきた。だれかが電話をしてくれたのだろう。

先生と話ができるようになったのは、二日目の午後だった。

ぼくは、自分の花が二度も虐待《ぎゃくたい》を受けたことや、先生の花もやられたこと、そして犯人《はんにん》はわかっていることなどを、まとめて話した。これまでずっとがまんしてきた思いも伝えた。涙《なみだ》や鼻水で言葉がつまり、なにを言っているのか、自分でもわからなくなるくらいだった。

そんなぼくを、じっちゃ先生はベッドの上から、やさしく見ていた。

「いろいろと、つらいことがあったんだね、石川健太《けんた》くんは」

「ぼくだけならいいんだ。前からそうだったから。でも、先生の1号まで――」

「わたしの花のこと？」

「そうだよ。じっちゃ先生のが1号だって、前に言ったじゃない」

「ああ、そうだったね。でもわたしの花は、たぶん自分で落としたんだと思うよ」

「どうして？　じっちゃ先生がわざと落としたの？」

「わざとではない。鉢《はち》を持って立っていたら、ふうっと意識《いしき》がなくなったんだよ」

「先生は具合《ぐあい》が悪くて、階段《かいだん》のところにすわっていたんでしょ？　鉢《はち》もそこに置いてあったんでしょ？」

「そうだったかもしれないし、そうじゃなかったかもしれない。わたしはもう、ぼんやりしていたからねえ。よく覚えてないんだよ」

なんだか人の話のように、のんびりした言い方だ。ぼくは少し腹《はら》が立った。

「先生が倒《たお》れたのを見て、大西《おおにし》くんの仲間が鉢《はち》をわったんだ。そうに決まってる」

「どうしてそうに決まってるの？」

「走っていくのを見たんだ。ぼくが来たら、道の向こうににげていった」

「はっきり顔が見えた？」

「はっきりではなかったけど、きっとそうだ。その前にも大西くんのグループが、お寺で遊んでいたから。あいつらがぼくの2号もほじくったんだ」

花壇《かだん》をあらしている三人のうしろ姿《すがた》が目にうかんだ。お坊《ぼう》さんが守ってくれたぼくの大切な花を、みんなは笑いながらいじめていた。

いじめっ子たち。あいつらは、人がいやがることをやるのが趣味《しゅみ》なんだ。生きがいなんだ。鷹《たか》のように目をきょろきょろさせて、いつもえものをねらっている。

「石川健太《けんた》くん。きみがわたしのことや、わたしの花のことを大事に思ってくれるのは、とてもうれしい。しかし、そのためにほかの人を憎《にく》むのは、とても悲しい」

先生は言葉をつまらせて言った。ほんとうに悲しそうな顔だった。

「でも、その人たちはぼくのことを憎《にく》んでるんだ。ぼくだけじゃなくて、じっちゃ先生のことも。ぼくはいままで、ずっとがまんしてきたけど、もうがまんできない。仕返しをしてやる」

「わたしたちの花が死んでしまうのは、しかたがない。限りある命だからね。だが、きみの心の花が死んでしまうのは、わたしには耐《た》えられない。とても、とても、悲しいことだ」

先生は「とても」を二回くり返した。目に涙《なみだ》ゆっくりとふくらんで、こぼれた。しわのなかに隠《かく》れているみたいな細い目から、涙《なみだ》が次々とこぼれ出た。すきとおった石のように。

心の花――。意味はよくわからなかったけれど、胸《むね》にしみた。図鑑《ずかん》で見たきれいな花のことを思いだした。

「人を憎《にく》む気持ちというものは炎《ほのお》のようなものだ。憎《にく》む相手ではなく、自分自身を燃《も》やしてしまう。もともとあった心の花まで、失ってしまうんだよ」先生はゆっくりと言った。「石川健太《けんた》くん。いま、きみにできることはなんだろうか。あれこれと想像して、人を憎《にく》むことだけだろうか」

ぼくにも、言いたいことはあった。いろいろ、たくさん。――あったはずだと思う。でも、うまく言えなかった。先生の涙《なみだ》に負けないくらいの答え、そんな強くて正しい答えは、すぐには見つからなかった。

なぜだろう。

ぼくの目もだんだん湿《しめ》ってきた。ハンカチをさがして、右手をズボンのポケットに入れた。すると、ハンカチより先に、ぐにゃっとやわらかいものが指にさわった。

花だ。くしゃくしゃだけど、先っぽに白い花がついている。

茎《くき》から上がちゃんとあるから、しあわせの花1号にちがいない。どうしてこんなところに、じっちゃ先生の花が入っているのか。むきだしのままで。

覚えていなかった。救急車に乗るときに地面から拾ったのだろうか。そのままポケットにおしこんだのだろうか。

そうだとすると、あれからもう二十四時間以上がすぎていた。花はぺしゃんこだった。根っこはよじれ、茎《くき》から汁《しる》が出ていた。「瀕死《ひんし》の重傷《じゅうしょう》」というやつだ。

ベッドの横のゴミ箱に捨《す》てようとして、手が止まった。瀕死《ひんし》の重傷《じゅうしょう》だけど、まだ死んではいないかもしれない。死んでいたとしても、捨《す》てるのはかわいそうだ。

ぼくの2号と同じように、せめて一度は花壇《かだん》に植えてあげよう。そう思った。

【考えよう】

○ じっちゃ先生から「心の花」のことを聞いた健太《けんた》は、どんなことを感じたでしょうか。

○ 自分の中の「心の花」は、どうやって育てていくことができると思いますか。

作者紹介／あらすじは251ページ

この「わたし」の命、たった一つ

二瓶《にへい》 弘行《ひろゆき》

「もう、いろんなことがみんなイヤになっちゃった。」

夏のある夜の遅《おそ》く、かつての教え子の一人から電話がくる。声が沈《しず》んでいる。私の記憶《きおく》の中での彼女《かのじょ》はいつも笑っていた。

「ときどき、ふっと部屋《へや》の窓《まど》から飛び降りたくなるの。」

彼女《かのじょ》がまだ私の教室にいたとき、一枚《まい》の学級だよりを書いた。「あの夏」以来、どの教え子達にも、同じように書いてきた『命』と題する学級だより。

＊

毎年、夏が来ると、心がきりきり痛《いた》む思い出がよみがえって来る。

四代目の教え子達「太陽の子」は十六年前に中学校へと卒業していった。

八月のある日、センセイの家に電話があった。ある男子が川で溺《おぼ》れ、救急車で病院に運ばれたという電話だった。センセイは急いで病院へ行った。夜になっていた。

機械で蘇生《そせい》をずっと何時間も試みたが、ダメだった。センセイがその子の病室に入った時、ちょうど看護婦《かんごふ》さん達が機械をかたづけているところだった。

先生の顔を見たお母さんが、その子の体を揺《ゆ》すった。

「二瓶《にへい》先生が来たよ。早く目を覚《さ》ましなさい。」

お母さんは、泣きながら何度も何度も大きな声を上げた。でも彼《かれ》は目を開けなかった。その子の体に触《ふ》れたら、まだ生きているように温かかった。

翌日《よくじつ》、中学生の制服を着た教え子達と、彼《かれ》の家に行った。お通夜《つや》の前に会っておこうと思ったのだ。おだやかに眠《ねむ》っている彼《かれ》の顔を見て初めて涙《なみだ》が出た。それから、たくさんたくさん泣いた。涙《なみだ》が止まらなかった。「バカヤロウ」と何度も心の中でつぶやいた。

命を大切にせよ。

みんなの命は、お前たち一人のものではない。

お母さんに聞いてみなさい。「お母さんの命をくれますか。」

きっと言う。「お前の命がなくなるなら、今すぐ、自分の命をやる」と。

親は、自分の命よりも子どもの命を守る。みんなの命は、みんなをこの世に造った親の命でもある。

何度でも言う。命を大切にせよ。

自分の命を断《た》つ子どもも達がいる。どんなに今が苦しくても、けんめいに生きていけば、きっといつか思い出に変わる。中学時代ツッパって、家庭裁判所《さいばんしょ》に送られた教え子がいる。バカだと思うがそれで人生は決まらない。いつか笑って思い出す日が来ることを願う。

でも、命を捨《す》てたら、終わりだ。生きていれば、人生はいろいろある。生きていれば。

＊

電話の向こう側にいる彼女《かのじょ》の顔を思いながら、長く話は続いた。落ち着きを取りもどしたころ、私が最後に言った。

「もし、窓《まど》から飛び降りたくなったら必ず電話しろよ。すぐに行って、絶対、窓《まど》の下で受け止めてやる。」

彼女《かのじょ》は笑って泣いた。そして「ハイ」と小さな声で、でもしっかりと返事をした。

人生いろいろあるさ

二瓶《にへい》　弘行《ひろゆき》

素敵《すてき》なことがあった日は　ウキウキすればいいよ。
この人生　捨《す》てたもんじゃない。
だから　今夜は　笑顔《えがお》のまま　眠《ねむ》ろうよ。
明日は　もっといいこと　きっとね。

イヤなことがあった日は　クヨクヨすればいいよ。
この人生　そんなに甘《あま》くない。
だから　今夜は　もう　眠《ねむ》ってしまおうよ。
明日は　少しはいいこと　きっとね。

人生、いろいろあるさ。

その人

相田《あいだ》　みつを

その人の前にでると
絶対にうそが言えない
そういう人を持つといい

その人の顔を見ていると
絶対にごまかしが言えない
そういう人を持つといい

その人の眼《め》を見ていると
心にもないお世辞《せじ》や
世間的なお愛想《あいそ》は言えなくなる
そういう人を持つといい

その人の眼《め》には
どんな巧妙《こうみょう》なカラクリも通じない
その人の眼《め》に通じるものは
ただほんとうのことだけ

そういう人を持つがいい
その人といるだけで
身も心も洗《あら》われる
そういう人を持つがいい

人間にはあまりにも
うそやごまかしが多いから
一生に一人は
ごまかしのきかぬ人を持つがいい

一生に一人でいい
そういう人を持つといい

相田みつを著『にんげんだもの』（文化出版局刊）より

時代

今はこんなに悲しくて　涙《なみだ》も枯《か》れ果てて
もう二度と笑顔《えがお》にはなれそうもないけど

そんな時代もあったねと
いつか話せる日が来るわ
あんな時代もあったねと
きっと笑って話せるわ
だから今日はくよくよしないで
今日の風に吹《ふ》かれましょう
　まわるまわるよ時代は回る
喜び悲しみくり返し

中島《なかじま》　みゆき

今日は別れた恋人たちも
生まれ変わってめぐり逢《あ》うよ

旅を続ける人々は
いつか故郷に出逢《あ》う日を
たとえ今夜は倒《たお》れても
きっと信じてドアを出る
たとえ今日は果てしもなく
冷たい雨が降っていても
めぐるめぐるよ時代は巡《めぐ》る
別れと出逢《あ》いをくり返し
今日は倒《たお》れた旅人たちも
生まれ変わって歩きだすよ

まわるまわるよ時代は回る
別れと出逢《あ》いをくり返し
今日は倒《たお》れた旅人たちも
生まれ変わって歩きだすよ
今日は倒《たお》れた旅人たちも
生まれ変わって歩きだすよ

トゥモロー

涙《なみだ》の数だけ強くなれるよ
アスファルトに咲《さ》く　花のように
見るものすべてに　おびえないで

岡本《おかもと》　真夜《まよ》・真名《まな》　杏珠《あんじゅ》

明日は来るよ　君のために
突然《とつぜん》会いたいなんて
夜更《よふ》けに何があったの
あわててジョークにしても
その笑顔《えがお》が悲しい

ビルの上には　ほら月明り
抱《だ》きしめてる　思い出とか
プライドとか　捨《す》てたらまた
いい事あるから

涙《なみだ》の数だけ強くなれるよ
アスファルトに咲《さ》く　花のように

見るものすべてに　おびえないで
明日は来るよ　君のために

季節を忘《わす》れるくらい
いろんな事があるけど
二人でただ歩いている
この感じがいとしい

頼《たよ》りにしてる　だけど時には
夢の荷物　放り投げて
泣いてもいいよ　つきあうから
カッコつけないで

涙《なみだ》の数だけ強くなろうよ

風に揺《ゆ》れている花のように
自分をそのまま　信じていてね
明日は来るよ　どんな時も

涙《なみだ》の数だけ強くなれるよ
アスファルトに咲《さ》く　花のように
見るものすべてに　おびえないで
明日は来るよ　君のために

涙《なみだ》の数だけ強くなろうよ
風に揺《ゆ》れている花のように
自分をそのまま　信じていてね
明日は来るよ　どんな時も

【考えよう】

○「このわたしの命、たった一つ」の最後のところで、彼女《かのじょ》はなぜ「笑って泣いた」のでしょうか。

○あなたは「時代」と「トゥモロー」をどちらがより好きですか。どこがよいと思いますか。

編者紹介／解説は252ページ

読んでみよう

ほかにも、こういう作品があります。

『葉っぱのフレディ―いのちの旅』レオ・バスカーリア、みらい なな訳（童話屋）

『雨ニモマケズ』宮沢賢治（筑摩書房他）

『でんでんむしのかなしみ』新見南吉（大日本図書）

『フジ子・ヘミングの「魂のことば」』フジ子ヘミング（清流出版）

『七つの子―野口雨情　歌のふるさと』古茂田信男（大月書店）

〝一握《ひとにぎ》りの勇気〞も大切なサービスなんだ

香取《かとり》 貴信《たかのぶ》

これは、私がはじめてゲストからいただいた「ゲストレター」のお話です。

当時の私の仕事は、パレードを多くのゲストに安全に楽しんでいただくための「パレードゲストコントロール」というものでした。

基本的にはパレードのためのゲストコントロールですが、現場に出れば、パレード以外のゲストサービスを行うのも私たちの仕事です。

読者のみなさんのなかには、よくご存《ぞん》じの方もいらっしゃるかと思いますが、ディズニーランドでは、ゲストが写真を撮《と》っているのを見かけたら、スタッフがすすんでシャッターを押《お》してあげましょうというサービスがあります。

これをフォトサービスと呼び、入社時の導入研修で一回、現場ＯＪＴ（従業員の職業教育）で一回教わります。私の入社当時は、導入研修で「私たちスタッフの仕事は、こんなお仕事です」

といってイメージビデオを見せてくれました。そのイメージビデオには、大勢のゲストの笑顔《えがお》と、そこで働く従業員が映《うつ》っていました。

ビデオでは、家族連れのゲストのお父さんがカメラを持ち、写真を撮《と》ろうとしています。そこに通りかかったスタッフが、その家族に声をかけ、家族全員の写真を撮《と》ってあげるのです。

ビデオを見終わったあと、インストラクターから説明を受けます。

「みなさんが仲のよい友人や家族と一緒《いっしょ》にパークに来たとしましょう。そこで楽しかった思い出を写真に収めたいと思ったことはありませんか？　やっぱり、楽しい思い出を写真に撮《と》るわけですから、全員が写った写真のほうがいいですよね。そんなときにスタッフが声をかけ、一緒《いっしょ》に来た人全員の入った写真を撮《と》ってあげましょう」

なるほどです。私もこの説明を受け、また現場のＯＪＴを受けたときにはそう思いました。

しかし、いざ現場で実行に移そうと思っても、なかなかできません。

だって、ふだん見知らぬ人に声をかけることなど、めったにありませんし、昨日まではただのヤンキー……。自分自身の容姿《ようし》も考えれば、しかたがありません。

そんな私とは反対に、まわりの先輩《せんぱい》スタッフや同期のスタッフを見ると、楽しそうにゲストに声をかけ、写真を撮《と》ってあげています。

私も勇気を出して声をかけようと思うのですが、「断《ことわ》られたらどうしよう」という思いが強く、まったく声をかけられないままでした。

まわりのスタッフを見ていると、さらに心のなかで大きなプレッシャーが襲《おそ》います。

たったひと言、勇気を出して「写真お撮《と》りしましょうか?」といえばいいのですが、寸前のところで、その〝一握りの勇気〟が出ません。電車やバスなどで、譲《ゆず》りたい気持ちはあるのにお年寄りに席を譲《ゆず》れないのと同じように……。

そしてだんだんと、フォトサービスは私の苦手《にがて》なことのひとつになりつつありました。

先輩《せんぱい》スタッフの千夏《ちなつ》ちゃんは、そんな私を見かねたのかもしれません。

「香取《かとり》君さぁ、フォトサービス苦手《にがて》なの?」

「そんなことないっすよ」

「だって、いっつもやってないじゃん」

「えっ、やってるよ」

「うーん、だったら一緒《いっしょ》においでよ」

千夏《ちなつ》ちゃんは、こういうと、私をシンデレラ城の前に連れていきました。

「ここなら、いっぱい写真撮《と》っている人いるから、声かけやすいでしょ」

（こいつは鬼《おに》だ!!　苦手《にがて》なの知ってるくせに……）

千夏《ちなつ》ちゃんにあおられ、カップルのゲストに近づく私。千夏《ちなつ》ちゃんが見ているので、思い切って声をかけようとするのですが、寸前のところで声をかけられません。

そんなことを何度かくり返しているうちに、だんだんと腹《はら》が立ち、ついに逆切れ!!　思わず千夏《ちなつ》ちゃんにくってかかります。

「だいたい、なんで写真なんか撮《と》ってやんなきゃなんねーんだよ。撮《と》ってほしけりゃ自分からいってくればいいじゃんか!!」

「じゃあ、香取君《かとり》がゲストだったら、自分から撮《と》ってくださいっていえる？」

「……」

いえるわけがありません。過去に自分の持っている写真がその証拠《しょうこ》です。だって、「全員で写っている写真」なんてないんですから……。

「香取《かとり》君と同じで、スタッフに声をかけるのが恥《は》ずかしい人も、いるかもしれないでしょ。だから大丈夫《だいじょうぶ》だよ」

「でもさぁ」

「もうわかった。いいよ。そんなにフォトサービスしたくないなら、やんなくてもいいよ。イヤイヤやられるほうがイヤだもんね。でも絶対嬉《うれ》しいのにな……」

そういって、私を尻目《しりめ》に千夏《ちなつ》ちゃんは、どんどんフォトサービスを行っていきます。


当時の私は、声をかけて断《ことわ》られたらどうしようという気持ちが心のブレーキになっていたんだと思います。「格好《かっこう》悪いな」とか「おせっかいと思われるんじゃないか」と思って……。

しかし、次の瞬間《しゅんかん》、千夏《ちなつ》ちゃんを見ていてわかりました。

なんと、〝千夏《ちなつ》ちゃんも断《ことわ》られていた〟のです。

しかし千夏《ちなつ》ちゃんは、断《ことわ》られても、そんなことは一向《いっこう》に気にしていません。怒《おこ》るどころか、笑顔《えがお》でこう対応しています。

「わかりました。また写真撮《と》りたくなったら、スタッフに声かけてくださいね」

そしてまた、次のターゲットへ。

～ゴロゴロ、ビッカーン!!（衝撃《しょうげき》の走る音）～

そうです。私は断《ことわ》られるのが怖《こわ》かったんです。そのことに気づきました。

心のなかに、「断《ことわ》られる＝俺《おれ》が撮《と》ってやるっていってるのに」と、サービスではない感情があったのです。

ここで私は、ふだんから〝一握りの勇気〟を持っている千夏《ちなつ》ちゃんを思い出しました。彼女は、他のスタッフが苦手《にがて》なゲストのお願いでも率先《そっせん》して案内できるし、どのようなタイプのゲストにも、他のスタッフよりも一歩深いところまで入っていけるのです。

また、彼女に対応してもらったゲストはみんな嬉《うれ》しそうでしたし、そのときの彼女もまた嬉《うれ》しそうでした。きっとそれは、当時の私にはない〝一握りの勇気〟を持っていたからだと思います。だからこそ、断《ことわ》られるなんて「へっちゃら」で、どんどんゲストに歩み寄って行けたのだと思いました。

そしてこのころ、私自身が忘れられない体験をすることになりました。

その日、パレードの準備《じゅんび》の前の時間に、いつものようにお城の横の橋でフォトサービスをしようと歩いていたところ、カメラを構えた中年の女性を見つけました。その女性は、お城をバックに、私と同世代ぐらいの女の子の写真を撮《と》ろうとしている最中でした。

ふだんと変わらず、何気《なにげ》なく「よろしければ、お撮《と》りしましょうか？」と声をかけると、すごく嬉《うれ》しそうにその二人が「ありがとうございます」といって、私にカメラを渡《わた》してくれます。

………

後日、私のところに、そのゲストからお手紙が届きました。ビックリです。手紙には、このあいだのお礼が書いてあり、最後に、

「一緒《いっしょ》に撮《と》っていただいた写真を東京と北海道で一枚ずつ大切にしています。本当にありがとうございました。

娘《むすめ》とも、また行こうと約束しました。今度はパレードを見に行きます」とありました。

私が何気《なにげ》なく声をかけて撮《と》った写真を、東京と北海道で大切にしてくれている。しかも、お礼のお手紙までもらうなんて……。

私はこのゲストから「商品を売ったり、アトラクションに乗せたりすること」だけがサービスではなく、こうしてゲストの「思い出づくり」をお手伝いすることも大切なサービスなんだと言うことを深く学びました。

あのとき、一緒《いっしょ》にフォトサービスと〝一握りの勇気〟を教えてくれた千夏《ちなつ》ちゃんがいなかったら……。


【考えよう】

○ フォトサービスをしている千夏《ちなつ》ちゃんを見た香取《かとり》君はどんな気持ちになったでしょうか。

○ 香取《かとり》君がもらったゲストレターを読んで、あなたは、働くことの喜びは、どんな点にあると思いますか。

作者紹介／あらすじは253ページ

自分の中に毒を持て あなたは〝常識人間〟を捨《す》てられるか

岡本《おかもと》　太郎《たろう》

自分の大間違《まちが》い

人生は積み重ねだと誰《だれ》もが思っているようだ。ぼくは逆に、積みへらすべきだと思う。財産も知識も、蓄《たくわ》えれば蓄《たくわ》えるほど、かえって人間は自在さを失ってしまう。過去の蓄積《ちくせき》にこだわると、いつの間にか堆積物《たいせきぶつ》に埋《う》もれて身動きができなくなる。

人生に挑《いど》み、本当に生きるには、瞬間《しゅんかん》瞬間《しゅんかん》に新しく生まれかわって運命をひらくのだ。それには心身とも無一物《むいちもつ》、無条件でなければならない。捨《す》てれば捨《す》てるほど、いのちは分厚く、純粋《じゅんすい》にふくらんでくる。

今までの自分なんか、蹴《け》トバシてやる。そのつもりで、ちょうどいい。

ふつう自分に忠実だなんていう人に限って、自分を大事にして、自分を破ろうとしない。社会的な状況《じょうきょう》や世間体《せけんてい》を考えて自分を守ろうとする。

それでは駄目《だめ》だ。社会的状況《じょうきょう》や世間体《せけんてい》とも闘《たたか》う。アンチである、と同時に自分に対しても闘《たたか》わなければならない。これはむずかしい。きつい。社会では否定《ひてい》されるだろう。だが、そういうほんとうの生き方を生きることが人生の筋《すじ》だ。

自分に忠実に生きたいなんて考えるのは、むしろいけない。そんな生き方は安易《あんい》で、甘《あま》えがある。ほんとうに生きていくためには自分自身と闘《たたか》わなければだめだ。

自分らしくある必要はない。むしろ、〝人間らしく〟生きる道を考えてほしい。

〝忠実〟という言葉の意味を考えたことがあるだろうか。忠実の〝忠〟とは〈まめやか、まごころを尽《つ》くす〉ということだ。自分に対してまごころを尽《つ》くすというのは、自分にきびしく、残酷《ざんこく》に挑《いど》むことだ。

ところが、とにかく忠君《ちゅうくん》愛国の忠のように、主君はたとえ間違《まちが》っていても主君である以上それに殉《じゅん》ずるとか、義理だの、仇討《かたきう》ちだの、狭《せま》い、盲目的《もうもくてき》な忠誠心《ちゅうせいしん》ととられることが多い。

だからぼくは、忠実なんて言葉はあまり使ってもらいたくない。

〝実〟にしたって、なにが実であるか、なんてことは抽象的《ちゅうしょうてき》で誰《だれ》にもわかるもんじゃない。意識する〝実〟はほんとうの意味での〝実〟じゃない。

〝実〟というのはそういう型《かた》にはめた意識《いしき》を超《こ》えて、運命に己《おのれ》を賭《か》けることなんだ。

自分に忠実と称《しょう》して狭《せま》い枠《わく》のなかに自分を守って、カッコよく生きようとするのは自分自身に甘《あま》えているにすぎない。

それは人生に甘《あま》えることでもある。もしそんなふうにカッコウにとらわれそうになったら、自分を叩《たた》きつぶしてやる。そうすれば逆に自分が猛烈《もうれつ》にひらけ、モリモリ生きていける。

つまり自分自身の最大の敵は他人ではなく自分自身というわけだ。自分をとりまく状況《じょうきょう》に甘《あま》えて自分をごまかしてしまう、そういう誘惑《ゆうわく》はしょっちゅうある。だから自分をつっぱなして自分と闘《たたか》えば、逆にほんとうの意味での生き方ができる。

誰《だれ》だって、つい周囲の状況に甘《あま》えて生きていくほうが楽だから、きびしさを避《さ》けて楽なほうの生き方をしようとする。

本当の人生を歩むかどうかの境目《さかいめ》はこのときなのだ。

安易《あんい》な生き方をしたいときは、そんな自分を敵だと思って闘《たたか》うんだ。

たとえ、結果が思うようにいかなくなっていい。結果が悪くても、自分は筋《すじ》をつらぬいたんだと思えば、これほど爽《さわ》やかなことはない。

人生というのはそういうきびしさをもって生きているからこそ面白《おもしろ》いんだ。

そうは言っても、人はいつでも迷《まよ》うものだ。あれか、これか……。こうやったら、駄目《だめ》になっちゃうんじゃないか。

俗《ぞく》に人生の十字路というが、それは正確ではない。人間は本当は、いつでも二つの道の分岐《ぶんき》点《てん》に立たされているのだ。この道をたどるべきか、あの方か。どちらかを選ばなければならない。迷《まよ》う。

一方はいわばすでに馴《な》れた、見通しのついた道だ。安全だ。一方は何か危険《きけん》を感じる。もしその方に行けば、自分はいったいどうなってしまうか。不安なのだ。しかし惹《ひ》かれる。本当はそちらの方が情熱を覚える本当の道なのだが、迷《まよ》う。まことに悲劇《ひげき》の岐路《きろ》。

こんな風にいうと、大げさに思われるかもしれないが、人間本来、自分では気づかずに、毎日ささやかではあってもこの分かれ道のポイントに立たされているはずなんだ。

何でもない一日のうちに、あれかこれかの決定的瞬間《しゅんかん》は絶《た》え間《ま》なく待ちかまえている。朝、目をさましてから、夜寝《ね》るまで。瞬間《しゅんかん》瞬間に。

まったく日常的な些事《さじ》、たとえば朝、寝床《ねどこ》の中で、起きだそうか、いやもう少し寝《ね》ていようか。町に出て、バスにしようか電車に乗ろうか。会社に行って上役《うわやく》に会う。頭をどの程度下げようか、それとも知らんふりをして通り過ぎようか。同僚《どうりょう》に対しても。また会議の席で、本当に言いたいことを言うべきか、それでは反発もあるだろうし、出る釘《くぎ》は打たれる。黙《だま》っていようか。……人によってさまざまだが、ほとんど誰《だれ》でも、自分で意識《いしき》するかしないにかかわらず、常に迷《まよ》い、選択《せんたく》を迫《せま》られている。

そしてみんな、必ずといってよいほど、安全な、間違いない道をとってしまう。それは保身の道だから。その方がモラルだと思っている。

ぼくは、ほんとうにうんざりする。

人々は運命に対して惰性的《だせいてき》であることに安心している。これは昔からの慣習《かんしゅう》でもあるようだ。無難《ぶなん》な道をとり、皆《みな》と同じような動作をすること、つまり世間智《せけんち》に従って、この世の中に抵抗《ていこう》なく生きながらえていくことが、あたかも美徳であるように思われているのだ。徳川《とくがわ》三百年、封建《ほうけん》時代の伝統だろうか。ぼくはこれを「村人根性《むらびとこんじょう》」といっているが、信念をもって、人とは違《ちが》った言動をし、あえて筋《すじ》を通すというような生き方は、その人にとって単に危険《きけん》というよりも、まるで悪徳であり、また他に対して不作法《ぶさほう》なものをつきつけるとみなされる。

これは今でも一般的な心情だ。ぼくはいつもあたりを見回して、その煮《に》えきらない、惰性的《だせいてき》な人々の生き方に憤《いきどお》りを感じつづけている。

ぼくが危険《きけん》な道を運命として選び、賭《か》ける決意をはっきり自覚したのは二十五歳のときだった。パリで生活していたころだ。

それまで、ぼくでもやっぱり迷《まよ》いつづけていた。自分はいったい何なのか、生きるということはどういうことか。

その時分、成功することが人生の目的であり、メリットであるように誰《だれ》でもが思っていたし、そう教育された。だがそんなことに少しも価値《かち》があるとは思わない。といって失敗は当然また己《おのれ》を失う。

十八歳でパリに来て、画家としての夢を描《えが》いた。そして芸術運動の最前衛《さいぜんえい》のグループにとび込《こ》んだ。そこに情熱も張りもあった。闘《たたか》った。しかしやがて一方、人間の本当の生き方はタブローという枠《わく》の中で美を追求することだけではないのではないか。もっとひろく、そしてもっとぎりぎりの、自分という人間の全存在《そんざい》、生命それ自体が完全燃焼《ねんしょう》するような生に賭《か》けるべきではないか、そいういう自分自身への問いに全身でぶつからずにはいられなかった。

絵描《えか》きは絵の技術だけ、腕《うで》をみがけばいいという一般的《いっぱんてき》な考え方には、ぼくはどうしても納得《なっとく》できなかったのだ。

しかしそれは極《きわ》めて危険《きけん》な問いだ。芸術ばかりではない。他の部門のあらゆる専門家、さまざまの企業《きぎょう》内の社員でもみんなそうだと思うのだが、この道一筋《ひとすじ》、ただ自分の職能《しょくのう》だけに精《しょう》進《じん》すれば尊敬《そんけい》もされる、報《むく》われもする。

それを根本的に疑ったり、捨《す》ててしまえば生きてはいけない。食ってもいけないということになる。与《あた》えられた枠《わく》からはみ出して、いわば無目的的に自分をひろげていくとすれば、その先は真暗な未知、最も危険《きけん》な状況《じょうきょう》に落ち込《こ》むことを覚悟《かくご》しなければならない。

それは極端《きょくたん》にいえば死を意味する。

しかし、社会の分業化された狭《せま》いシステムの中に自分をとじ込《こ》め、安全に、間違《まちが》いない生き方をすることが本当であるのかどうか、若《わか》いぼくの心につきつけられた強烈《きょうれつ》な疑問だった。

残酷《ざんこく》な思いで、迷《まよ》った。ぼくはごまかすことができないたちだから。そして……いまでもはっきりと思い出す。ある夕方、ぼくはキャフェのテラスにいた。一人で座《すわ》って、絶望的な気持ちで街路《がいろ》を見つめていた。うすい夕陽が斜《なな》めにさし込《こ》んでいた。

「安全な道をとるか。危険《きけん》な道をとるか、だ」

あれか、これか。

どうしてその時そんなことを考えたのか、いまはもう覚えていない。ただ、この時にこそ己《おのれ》に決断を下すのだ。戦慄《せんりつ》が身体の中を通り抜《ぬ》ける。この瞬間《しゅんかん》に、自分自身になるのだ、なるべきだ、ぐっと総身《そうしん》に力を入れた。

「危険《きけん》な道をとる」

いのちを投げ出す気持ちで、自《みずか》らに誓《ちか》った。死に対面する以外の生はないのだ。その他の空《むな》しい条件は切り捨《す》てよう。そして運命を爆発《ばくはつ》させるのだ。

戦後の日本でぼくの果たした役割、ポジションはその決意の実践《じっせん》だった。

ぼくは一九四〇年、ドイツ軍がパリを占領《せんりょう》する直前にヨーロッパを去り、太平洋戦争突入《とつにゅう》前夜の日本に帰ってきた。パリでの体験を経《へ》て、それをポジティーブに生かすため、ぼくは日本という自分と直接いのちのつながりのある場で人生を闘《たたか》うべきだと考えたのである。

それは日本の現実に自分をぶっつけること、惰性的《だせいてき》な精神風土と対決し、ノーと叫《さけ》び、挑《いど》むためであった。先年、アンドレ・マルローと対談したが、その時も、ぼくが日本に帰ったのは、「アンチ日本人」になるためだ、と言った。彼《かれ》はいささか不思議な顔をしていた。何といっても日本を外から見ているフランス人である彼《かれ》には、その切実さはつかまえられなかったのだろうが。

実際、あのころの日本の状況《じょうきょう》は絶望的だった。

ぼくは芸術表現の上で、日本の通念とはまったく反対な表現をうち出した。そのころはワビ、サビ、シブミで暗くよどんだような色あいの画面でないと高尚《こうしょう》な芸術だと思われなかったのに、真赤、真青、黄色、と原色をぶつけ、あいつは色音痴《おんち》だ、などとさんざん悪口をいわれた。また、この道一筋《ひとすじ》でしんねりむっつりやらないと尊敬《そんけい》されないのに、あらゆる問題について発言し、全身をぶつけて「ノー」と言った。まったく危険《きけん》な道である。端的《たんてき》に言えば、それでは収入は得られない。食えない。つまり生活できないということである。好かれる必要はない。売らないという前提で絵を描《えが》き、あらゆる面で権威主義《けんいしゅぎ》にたてつき、いわば常識を超《こ》えて、人の言わないことをあえて言い、挑《いど》んだ。

【考えよう】

○　なぜ、岡本太郎さんは忠実なんて言葉はあまり使ってもらいたくなかったのでしょうか。

○　人々は、どうして、安全な道をとってしまうのでしょうか。自分をふりかえってみましょう。

作者紹介／解説は254ページ

42本のローソク

塚本《つかもと》　やすし

少年が「ナトリ」でケーキを買おうと思ったのは、夏休みに入ってからだった。

八月十八日は、お父さんのお誕生日《たんじょうび》。

二歳《さい》年上のお兄ちゃんと相談して、お父さんにケーキをプレゼントしようと約束をしていた。

「お父さんは、今年〝やくどし〟なんだって」

「やくどし？」

〝やくどし〟の誕生日《たんじょうび》の年は、病気やケガをしやすいのだそうだ。

お兄ちゃんの友だちのお父さんが教えてくれたという、その〝やくどし〟は、少年をとても不安にさせた。

もうすぐお父さんのお誕生日《たんじょうび》。もうすぐお父さんは四十二歳《さい》になる。

そしたら、お父さんは、病気になるかもしれない――。

あるいは、仕事中に大けがをしてしまうかもしれない――。

〝やくどし〟のお誕生日《たんじょうび》は、ぜんぜん、心がうきうきしない。

なんだか胸《むね》が苦しくなるような、いやな感じがした。

「お兄ちゃん、お父さんが苦しまないように、なんとかしようよ」

少年はお兄ちゃんと相談して、大きないちごのショートケーキをプレゼントすることにした。


それからというもの、少年は、気が気じゃなかった。

「お父さんを守るための大切ないちごのショートケーキが、だれかにとられたらどうしよう?」

「ナトリのショートケーキがなくなっちゃったら、どうしよう?」

ショートケーキを見はる日々。

毎日毎日、ナトリに通うことが始まった。

もちろん、「ナトリ」では、毎日、いちごのショートケーキを作っているのだが、少年にはそれがわからなかった。

お父さんのお誕生日《たんじょうび》まで、いちごのショートケーキがあるか心配で心配で、毎日、お店に通い続けた。


お店のおばさんは、毎日毎日、お店にやって来る少年のことを怒《おこ》るわけにもいかなかった。

少年がナトリに通う日が一週間、もしくは二週間近く続いたころだろうか。

その日はあまりにも暑い日だった。

ケーキ屋のおばさんは、少年に冷《ひ》えたカルピスと、お店には出せないショートケーキの切り落とし

をあげた。

すると少年は、カルピスだけ飲み、そのままお店を出ていってしまった。

「どうしたことでしょう?」

少年がケーキを食べたがっているとばかり思っていたおばさんは、首をかしげました。

「…よけいなことをしてしまったかしら?」少年を傷《きず》つけたんじゃないかと、おばさんは落ち着かない気持ちになりました。


夏休みも半ばにさしかかり、お盆《ぼん》も間近《まぢか》にせまったころ。

町工場の機械音は相変わらずせわしげに鳴りひびいていた。

夕方になるとあたりはいくぶんかすずしくなり、銭湯《せんとう》帰りのおじいちゃんや夕飯《ゆうはん》の買い物帰りのおばさん、仕事帰りの勤《つと》め人たちで町はにぎわっていた。

いつもと変わらない、町工場の夏だ。

少年のケーキ屋通いは相変わらず続いていた。

おばさんも、少年とひとことふたこと、話をするようになっていた。

「宿題はもうすんだのかい？」と、おばさんが少年に聞く。

「まだやってない！」と、はにかみながらも元気に答える。

お父さんのお誕生日《たんじょうび》の八月の十八日まであと二日とせまった夜のこと。

二段《だん》ベッドの上の段《だん》から、お兄ちゃんが言った。

「おい、空き缶《かん》の貯金、いくらたまったかなぁ」

「おれの計算では、もうケーキ買えるんじゃないかな」

「見てみようか、お兄ちゃん？」と、少年は言った。

「よし、見てみようか！」と、お兄ちゃん。

貯金をしている空き缶《かん》を大事そうに持って、少年は二段《だん》ベッドの上段《だん》に上がり、お兄ちゃんの横にちょこんとすわった。

「じゃ、数えるぞ！」

「うん！」

「一円玉が、いち、にい、さん、よん…、十円玉が、いち、にい、さん、よん…」

少年はドキドキしていた。

お金を数えるお兄ちゃんとお金を、交互《こうご》に見ている。

「あーーーーーっ！　二十円足りない！」

がっかりした少年を見て、あわてたお兄ちゃんは、こう言いました。

「あと二日――おじいちゃんにお願いすればなんとかなるよ」

お兄ちゃんの言葉を聞いて、少年は少しだけ安心しました。

「うん、そうだね。きっとおじいちゃんなら、おこづかい、くれるよね？」

「ちゃんとお話しすればわかってくれるさ！

だって今年のお誕生日《たんじょうび》は特別なんだ。お父さんを〝やくどし〟から守らなくちゃならないんだ」


お父さんのお誕生日《たんじょうび》、八月十八日の朝。

おじいちゃんは事情《じじょう》を話す前に、笑顔《えがお》でお兄ちゃんに、おこづかいをくれた。

その日、少年は朝起きると、とてもそわそわしていた。

「ナトリ」が開店するのは十一時。

工場では、朝の三時から、たくさんのケーキ職人《しょくにん》たちがみごとな手さばきで、ケーキやプリン、ゼリーなどをせっせと作っている。

七時に目をさました少年は、十一時までの時間がとても長く感じた。

十時半にはサンダルをつっかけ、外に飛び出した。

タッタッタッタッタッ。

タッタッタッタッタッ。

めざすは「ナトリ」、めざすは、あの大きないちごのショートケーキだ！

走れば数分の「ナトリ」までの道のりが、少年にははるか遠くに感じられた。

八百屋《やおや》のおじさんが「おーい、学校休みなのに、どこに行くんだい？」

少年はたかぶる気持ちを抑《おさ》えられなかった。

早く行かなくちゃ、行かなくちゃ！

開店まであと十分ほど――。

「ナトリ」のおばさんは、お店の前をそうじしていた。

かけつけた少年におどろいて、「あら、どうしたの？　学校？」と、おばさん。

「今日はね……はぁはぁ……今日はね、ケーキを買いにきたの！」

少年は勢《いきお》いよくこたえた。

おばさんはびっくりして、そうじもそこそこに、店のシャッターを開けた。

店のガラスケースの中には、うらの工場から運ばれてきたばかりのキラキラしたケーキが並《なら》ぶ。

「さぁ、ぼく！　お店の準備《じゅんび》ができたわよ！　さぁさぁ、いらっしゃいませ！」

少年は、もう待ちきれないとばかりに、元気よく言った。

「おばさん！　その大きないちごのショートケーキをください！」と。

そして、みかんの缶詰《かんづめ》の貯金入れをガラスケースの上に置いた。

「お金は、これでお願いします！」

五円玉や一円玉がいっぱいつまった缶詰《かんづめ》をざーっと空《あ》け、おばさんはお金をていねいに数え始めた。

おばさんは、少しこまった顔をして正直に少年に言った。

「あのね、大きないちごのショートケーキを買うには、あと十円足らないの」

大きないちごのショートケーキは、いつのまにか十円値上《ね》がりしていたのです。

おばさんは、十円ならおまけしてもいいかなと思いました。

それか、自分が十円はらえばいいかなとも思いました。

でも、どちらも、少年のためには良くないと考え直し、こう言いました。

「こっちの、小さいいちごのショートケーキなら、買えるわよ」


少年は悲しくて、はずかしくて、くやしくて、涙《なみだ》をこらえるのに必死でした。

そして、ほしかったショートケーキよりはるかに小さいいちごのショートケーキを、買うことにしたのです。

おばさんが小さいいちごのショートケーキを箱につめるとき、少年ははっとして、大きな声で少しあわてて叫《さけ》びました。

「おばさん、おばさん！　ローソクもちょうだい！　ローソクがないとダメなんだ！」

おばさんは少年に聞いた。

「何本？　……一本？　あ、小学校三年生だから、えーと、九本か十本かな？」と、少し笑いながら聞いた。

少年があわてて言う。

「十本じゃ、ぜんぜん足りないよ！　四十二本ください！　今日はお父さんお誕生日《たんじょうび》なんだ！」

「お父さんが〝やくどし〟だから、悪いことをおっぱらっちゃうんだ！

それでいちごのショートケーキに四十二本のローソクを立てて、お祝いをするんです！

お兄ちゃんと相談して、そう決めたんだ！」

少年はおばさんに、一気に言った。

おばさんは、だまって聞いていた。

ローソクを、小さな小さないちごのショートケーキの箱に入れながら、涙《なみだ》が止まらなかった。

うらの工場のケーキ職人《しょくにん》たちにも、少年の声が届《とど》いていた。

みんな、お菓子《かし》を作りながら、涙《なみだ》がぽろぽろあふれていた。

その夜、少年とお兄ちゃんが夕ご飯を食べ終わると、冷蔵庫《れいぞうこ》に入れてあるケーキを取り出した。

お母さんは当然、感づいている。

少年はお父さんに言った。

「お父さん！　その箱を開けてみて！」

「なんだ、なんだ？」と、お父さん。

「いいから、いいから、早く開けてみて！」と、お兄ちゃん。

箱の中には
小さないちごのショートケーキが入っている。

小さないちごのショートケーキに、
四十二本のローソクの明かりが元気よく灯《とも》る。

キラキラのいちごも、とろけるようなほわほわのクリームも、もう涙《なみだ》でぜんぜん見えない。

ローソクでびっしりうまったシュートケーキ。

四十二本のローソクの明かりが元気よく灯《とも》っている。

お母さんもおじいちゃんもおばあちゃんも泣いている。

「ふーーーーっ！」

お父さんは涙《なみだ》をこらえながら、一気にローソクの炎《ほのお》を消した。

暗くなった部屋の電気はしばらく、つくことはなかった。


【考えよう】

○ 十円足りないとわかって、くやし涙《なみだ》をこらえた少年の胸《むね》の内はどうだったでしょうか。
○ ローソクが消えて暗くなった部屋《へや》の中で、家族はどんなことを考えていたのでしょうか。

作者紹介／あらすじは254ページ

蜘蛛《くも》の糸

芥川《あくたがわ》 龍之介《りゅうのすけ》

……………

ところが、ある時の事でございます。何気《なにげ》なく犍陀多《かんだた》が頭を挙《あ》げて、血の池の空を眺《なが》めますと、そのひっそりとした暗《やみ》の中を、遠い遠い天上《てんじょう》から、銀色の蜘蛛《くも》の糸が、まるで人目にかかるのを恐《おそ》れるように、一すじ細く光りながら、するすると自分の上へ垂《た》れて参《まい》るのではございませんか。犍陀多《かんだた》はこれを見ると、思わず手を拍《う》って喜びました。この糸に縋《すが》りついて、どこまでものぼって行けば、きっと地獄《じごく》からぬけ出せるのに相違《そうい》ございません。いや、うまく行くと、極楽《ごくらく》へはいる事さえも出来ましょう。そうすれば、もう針《はり》の山へ追い上げられる事もなくなれば、血の池に沈《しず》められる事もあるはずはございません。

こう思いましたから犍陀多《かんだた》は、早速《さっそく》その蜘蛛《くも》の糸を両手でしっかりとつかみながら、一生《いっしょう》懸命《けんめい》に上へ上へとたぐりのぼり始めました。もとより大泥坊《おおどろぼう》の事でございますから、こういう事には昔から、慣《な》れきっているのでございます。

しかし地獄《じごく》と極楽《ごくらく》との間は、何万里《り》となくございますから、いくら焦《あせ》ってみたところで、容《よう》易《い》に上へは出られません。ややしばらくのぼるうちに、とうとう犍陀多《かんだた》もくたびれて、もう一たぐりも上の方へはのぼれなくなってしまいました。そこで仕方《しかた》がございませんから、まず一休み休むつもりで、糸の中途《ちゅうと》にぶら下がりながら、遥《はる》かに目の下を見下《みお》ろしました。

すると、一生懸命《いっしょうけんめい》にのぼった甲斐《かい》があって、さっきまで自分がいた血の池は、今ではもう暗《やみ》の底に何時《いつ》の間《ま》にかかくれて居《お》ります。それからあのぼんやり光っている恐《おそ》ろしい針《はり》の山も、足の下になってしまいました。この分でのぼって行けば、地獄《じごく》からぬけ出すのも存外《ぞんがい》わけがな

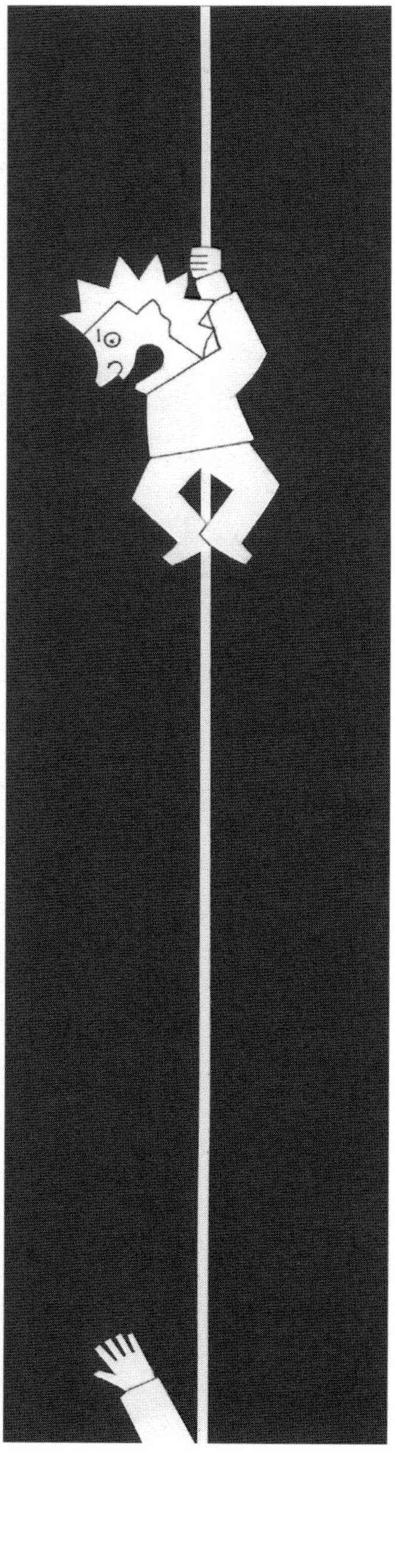

いかも知れません。犍陀多《かんだた》は両手を蜘蛛《くも》の糸にからみながら、ここへ来てから何年にも出した事のない声で、「しめた。しめた。」と笑いました。

ところがふと気がつきますと、蜘蛛《くも》の糸の下の方には、数限りもない罪人《ざいにん》たちが、自分ののぼった後をつけて、まるで蟻《あり》の行列のように、やはり上へ上へ一心《いっしん》によじのぼって来るではございませんか。犍陀多《かんだた》はこれを見ると、驚《おどろ》いたのと恐《おそ》ろしいのとで、しばらくはただ、莫迦《ばか》のように大きな口を開いたまま、眼ばかり動かして居《お》りました。自分一人でさえ断《き》れそうな、この細い蜘蛛《くも》の糸が、どうしてあれだけの人数の重みに堪《た》える事が出来ましょう。もし万一途《と》中《ちゅう》で断《き》れたと致《いた》しましたら、折角《せっかく》ここへまでのぼって来たこの肝腎《かんじん》な自分までも、元の地獄《じごく》へ逆落《さかおと》しに落ちてしまわなければなりません。そんな事があったら、大変でございます。が、そういううちにも、罪人《ざいにん》たちは何百となく何千となく、まっ暗《くら》な血の池の底から、うようよと這《は》い上がって、細く光っている蜘蛛《くも》の糸を、一列になりながら、せっせとのぼって参《まい》ります。今のうちにどうかしなければ、糸はまん中から二つに断《き》れて、落ちてしまうのに違《ちが》いありません。

そこで犍陀多《かんだた》は大きな声を出して、

「こら、罪人《ざいにん》ども。この蜘蛛《くも》の糸は己《おれ》のものだぞ。お前たちは一体誰《だれ》に尋《き》いて、のぼって来た。下りろ下りろ。」と喚《わめ》きました。

【考えよう】

○ 犍陀多《かんだた》は、どうすれば天上へ行けたと思いますか。

○ あなたが犍陀多《かんだた》だったら、再びもどった地獄《じごく》でどのようなことを思いますか。

作者紹介／あらすじは255ページ

読んでみよう

ほかにも、こういう作品があります。

『肥後の石工』今西祐介（岩波少年文庫他）

『賢者のおくりもの』オー・ヘンリー、矢川澄子訳（冨山房他）

『鳩の橋—教育者会津八一と少年』小笠原忠（恒文社）

トモ、ぼくは元気です

香坂《こうさか》　直《なお》

トモが江木《えぎ》くんたちに取りかこまれたとき、ぼくは走ってにげた。だれも追いかけてこないとわかってても、足は止まらなかった。ふしぎなくらい人気《ひとけ》のなかった住宅街《じゅうたくがい》を、ふらふらと歩きつづけた。

どれくらいたったんだろう。真上にあった太陽がかなり移動したころ、ぼくはようやく家に帰った。家にはだれもいなかった。閉《し》めきってあったリビングには、むっとした空気がこもっていた。なのに、どこかひんやりしていて、なにかがひそんでいるみたいだった。

そのせいか、トモのお気に入りのソファーが、いつもよりずっと古くさく見えた。

ほんとうのところ、ずいぶんとぼろいソファーだった。トモが、ずっとトランポリンみたいにとびはねてきたんだから。ぼくだって、小さいときはいっしょになってとびはねた。それで、もうスプリングがバカになっていて、ソファーの下から飛びだしたりもしていた。やぶれているところだってある。でもトモのお気に入りだから、買いかえずにそのままにしていた。

一度、お父さんが「これじゃあ、あんまりだろう」と言いだしたことがある。だけど、ソファーを捨《す》てる、と聞いたトモが、泣きわめいていやがったから、買いかえ計画は中止になった。

そんなボロボロのソファーを、すこしでもまともに見せていたのは、おかあさんのパッチワークのソファーカバーだ。ソファーぜんぶをすっぽりおおって、やぶれているところも、シミがついているところも、すべてかくしている。そして、おそろいの柄《がら》のクッションやマガジンラックも、おかあさんがつくったおしゃれなリビングのパーツだった。

でもそのときは、いつもはきれいなリビングがくすんで見えた。

ダイニングのテーブルの上に、紙が置いてあった。書きなぐったような文字がならんでいた。

友樹《ともき》のことで中学に行きます。冷蔵庫にサンドウィッチが入っているから、それを食べてね。

ぼくはサンドウィッチを半分くらいだけ食べてから、二階の自分の部屋《へや》で、塾《じゅく》に行く用意をした。それからまた下におりて、夏期講習の後期日程《にってい》表をダイニングのテーブルの上に広げた。

リビングの床《ゆか》には、おかあさんの裁縫《さいほう》道具が散らかっていた。いつもなら、おかあさんは道具をこんな出しっぱなしにして出かけたりはしない。裁《た》ちばさみや針《はり》は、トモがけがしちゃいけないからと、とくにきっちりしまっている。とつぜん、ざらっとした気持ちがおそってきた。江木《えぎ》君たちにかこまれて、「カズキー」とぼくを呼《よ》んだトモの顔がうかんで、そこにいるのが苦しくなった。

すこし早いけど、塾《じゅく》に行こう。そう思ったとき、外で門の開く音がした。

おかあさんとトモが帰ってきた。おかあさんは、つかれきった顔をしていた。トモは帰るなりなににも目をやらず、リビングのソファーの上でうずくまった。右手の甲《こう》をかんでいる。制服だったけど、さっきとはちがうシャツに着がえていて、せなかにいたずら書きはなかった。

おかあさんはキーケースをサイドボードの上に置くと、ぼくを見た。沈《しず》んだ目だった。

「和樹《かずき》。あなた、中学でおにいちゃんに……」

声のトーンが、すっ、とさがった。

「おにいちゃんにいたずらする子がいるって、聞いたりしてなかった？」

首を横にふった。

「今日ね、あの子、学校の帰りにひどいことされて……。それで今、学校に行ってたんだけど」

チラッと見ると、トモは両方の耳をおさえて、調子っぱずれな歌をうたっていた。気持ちが落ちつかないときのサインだ。

「あんなことされるなんて……。おかあさん、中学でもきちんと対応してもらってると思ってたのよ。友樹《ともき》には、いつもちゃんとさせてたし。前よりずっと落ちついて、勉強だってすこしずつがんばってたし……。ねえ、そうでしょう？　友樹《ともき》はやさしい、いい子でしょう？」

そう、トモはやさしい。ひとに意地悪したりしない。だれかの運動靴《うんどうぐつ》をかくしたり、だれかのランドセルにゴミをつめこんだりしなかった。うさぎ小屋のそうじだってサボらずに、先生といっしょにちゃんとやっていた。たぶん中学生になってからも、トモはだれかを傷《きず》つけたりしなかったはずだ。

でもね、だからって、みんながトモを好きでいてくれるわけじゃない。強く言いかえせないトモを、先生にうまく告げ口できないトモを、「ちょうどいいや」って思うやつもいるんだ。去年までだって、そうだったんだよ。

トモをかばいつづけるのはかんたんじゃない。

おかあさんは大きなため息をつくと、トモをみつめた。

苦しい。なにかが胸《むね》をおさえつけている。うまく息ができない。

「塾《じゅく》に行ってくる」

吐《は》き出すように言ったとたん、おかあさんが「和《かず》樹《き》」とぼくの名前を呼《よ》んだ。気持ち悪いくらい、きっちりした発音だった。

「ねえ、どうしても私立の中学に行きたい？　おにいちゃんとおんなじところじゃだめ？　おかあさん、なんだか急に友樹《ともき》のことが心配になってきて……。和樹《かずき》が矢井田《やいた》中に行ってくれたら、すこしは安心なんだけど」

自分の指先が凍《こお》るように冷えていくのがわかった。

「そんな……。だって、おかあさんはぼくの受験に賛成だったじゃない。がんばって、すこしでもラ

ンクを上げろって言ったじゃないか。それなのに、どうして急にそんなこと言うんだよ」

「受験には賛成だったわよ。和樹《かずき》には和樹《かずき》の進みたいところに行ってほしいし、それができる子だって思ってるし。でも、なんだか……。友樹《ともき》のことが心配なのよ。いままでこんなことなかったのに——」

「やだよ」

だれかほかの人の声かと思った。でも、ぼくの声だった。

「やだよ。もういやなんだ、トモのお守《も》りをするのは。ぼくはぼくだ。弟だからって、トモをおしつけないでよ。ぼくは正華《せいか》中学に行くんだ！」

「おしつけるって、和樹《かずき》、あなた、そんなこと言う子じゃなかったでしょう。友樹《ともき》はあなたのおにいちゃんなのよ。いままでだって、ずっとおにいちゃんの面倒《めんどう》をみてきてくれたじゃないの。どうしたの。和樹《かずき》らしくなわよ。和樹《かずき》はいつだってやさしい——」

うるさい！　今度は耳の奥《おく》が痛《いた》いほど冷たくなった。

うるさいよ、おかあさん。なにがぼくらしいっていうんだ。

ぼくはそんな弟じゃない。おかあさんはなんにもわかってない。

ぼくがどんなに卑怯《ひきょう》な人間か。どんなにいやなことを考えているか。どんなに苦しいか。なんにもわかってないじゃないか。

イライラが、からだのなかを走りまわりはじめた。出口をさがしている。出口がみつからないと、ぼくは——

おかあさんはまだなにか言っていた。顔をそむけた拍子《ひょうし》に、足もとの裁《た》ちばさみが目に入った。気がついたら、ぼくはそれをにぎっていた。

ソファーカバーにはさみを入れたとき、シャリッ、という音がした。うそみたいに気持ちよく切れた。どんどん切った。トモがソファーから飛びのいた。そばに立って「カズキー、ダメー」と言って、右手の甲《こう》をかんだ。そのうちに、左手で自分の頭をたたきはじめた。トモが自分をたたくバチバチという音を聞きながら、ぼくははさみを動かしつづけた。遠くのほうでおかあさんの声を聞いた気もする。

もう切るものがなくなってふりかえったら、おかあさんと目が合った。おどろいたような顔は、すぐにおびえた顔になった。

「和樹《かずき》、どうしちゃったの？　ねえ、和樹《かずき》……」

青ざめる、というけれど、おかあさんの顔は、むしろまっ白だった。目を見ひらいて、口もすこしだけ開いていた。下くちびるがあごごと小さく動きつづけていたけど、そこからことばは出てこなかった。

はさみをサイドテーブルに置いて顔をあげると、おかあさんのくちびるの震《ふる》えは止まっていた。そのかわり、知らない子を見るような目でぼくをみつめていた。ぼくの追放がきまったのは、たぶんこのときだろう。

トモが自分の頭をたたくバチバチとい音は、まだつづいていた。おかあさんは、両手で顔をおおってうずくまった。

「夏美《なつみ》、ええかげんにしぃ！」

千夏《ちなつ》が、夏美《なつみ》のほっぺたをたたいた。それでも夏美《なつみ》は桃花《ももか》の手を離《はな》さない。引きずっていこうとしている。

「いやだー、金魚すくい、こわいー」

窓枠《まどわく》にかけていた手に、ぎゅっと力が入った。

「いやだー、いやだー」

「桃花《ももか》、あかん。あんたが金魚すくいせえへんかったら――」

「夏美《なつみ》、もうやめろ！」

おどろいた顔で、夏美《なつみ》がこっちを見上げた。髪《かみ》の毛が、ほっぺたにはりついていた。

ぼくは窓から離《はな》れた。

毒は、弱いところへ、弱いところへと流れていく。毒をたれ流すのも、弱い者なのに。

ぼくが切りきざみたかったのは、ソファーカバーじゃない。

ゆるせなかったのは、江木《えぎ》くんたちからにげた自分だった。トモなんかいなきゃいいのに、と思ったぼく。トモのいない中学ににげこもうとしていた松本和樹《かずき》。そんなずるい自分がいやでたまらなかった。

毒をたれ流すのはもうやめろ！

階段《かいだん》をきしませてかけおりた。

かけつけたぼくを、夏美《なつみ》も千夏《ちなつ》も赤い目で見た。もしかしたら、ぼくの目も赤かったのかもしれない。

「ぼくが伝統の一戦に出る。だからもう、桃花《ももか》を追いつめるな」

「カズちゃん……」

夏美《なつみ》が桃花《ももか》の手首を離《はな》した。

「ごめん。夏美《なつみ》をおいつめたのはぼくで、だから、ぼくがこんなことを言うのはおかしいん
だけどでも、こんなの桃花《ももか》がかわいそすぎる」

うつむいたかと思うと、夏美《なつみ》は、わあっと声をあげて泣きだした。

「ごめん。この前は悪かった。だから……」

「足、痛《いた》い」

それだけ言ってぺたりとすわりこむと、夏美《なつみ》はますます大きな声で泣いた。

「ほんまに、もう」

大富屋《おおとみや》のおばさんが、ゆっくりと出てきた。

「千夏《ちなつ》、やぎ先生のとこに行って、湿布《しっぷ》もうてきたって。もうないねん。ほれ、桃花《ももか》。あん
たはもう泣きやみ。今度は夏美《なつみ》ねえちゃんが泣く番や。おこって泣いてわめくんは、あんただ

けの専売特許《せんばいとっきょ》とちゃうで。夏美《なつみ》ねえちゃんかて、泣きたいときがあんねんから」

それから桃花《ももか》を立たせると、店のなかに連れて入った。桃花《ももか》はまだ頭をたたいていたけれど、もうそんなにはげしいたたき方ではなかった。

「ほんなら、夏美《なつみ》を見といてな」

千夏《ちなつ》はツンとした声で言うと、やぎ整形外科《せいけいげか》に行ってしまった。入れかわりに、寿屋《ことぶきや》のおじさんが近づいてきた。

「名人、ほな、あとはまかしたで。おっちゃんらは消えるさかい」

ぼくは泣きつづける夏美《なつみ》のそばで、クリーム色のアーケードを見上げていた。


【考えよう】

○ お母さんの裁縫《さいほう》道具が散らかっていたのを見たときに、ざらっとした気持ちが和樹《かずき》をおそったのはなぜでしょうか。
○ 和樹《かずき》が、伝統の一戦に出ることにしたのはどういう思いからなのでしょうか。

作者紹介／あらすじは257ページ

夏の庭

湯本《ゆもと》　香樹実《かずみ》

その部屋《へや》を充《み》たしていた甘《あま》い匂《にお》いは、ぶどうの匂《にお》いだった。おぜんの上には、遠くの火事に照《て》らされる夜の空のような色をしたぶどうが四房《ふさ》、鉢《はち》に盛《も》ってあった。ぼくたちと食べようと、おじいさんはぶどうを洗《あら》って眠《ねむ》りについたのに違《ちが》いない。

「遠足に行く前のガキみたいだね」山下が、泣《な》きはらした目をT《ティー》シャツの袖《そで》でぐいとぬぐった。河辺《かわべ》は部屋《へや》のすみで、背中《せなか》を向けてしゃがみこんでいる。時々、押《お》し殺《ころ》したか細《ぼそ》いうめき声が聞こえてくる。

ぼくはぶどうの実をひとつつまみ、皮をむいた。水気をたっぷりふくんだ小さな実が、ぼくの手の上で震《ふる》えながらうずくまっている。

「食べてよ」ぼくは、ぶどうの実をおじいさんに差《さ》しだした。「ねえ、食べてよったら」

眠《ねむ》っているような死に顔、とよく本なんかに書いてあるけれど、おじいさんは眠《ねむ》っているようにはどうしても見えなかった。やすらかでない、という意味ではない。おじいさんはとても満足《まんぞく》そうに、少し笑《わら》っているようにさえ見える。でも、眠《ねむ》っているのとは違《ちが》う。死んでいる。ここにあるのはおじいさんの抜《ぬ》け殻《がら》で、おじいさんそのものではない、そんな感じだ。おじいさんはもう、この体でもってぼくと話をしたり、いっしょにものを食べたりすることは絶対《ぜったい》にないのだ。

おじいさんの顔は少し小さくしぼみ、つやのよかった頭のはげたところは、枯《か》れ草がたおれているだけの乾《かわ》いた土地のようだった。それは、ぼくが初《はじ》めて見る死んだ人だったけれど、ぼくは少しもおそろしいとは感じていなかった。お

化《ば》けや幽霊《ゆうれい》や妖怪《ようかい》といった、ぼくたちがこわがりながらも興味《きょうみ》しんしんだったものたちは、その時ぼくの頭からすっかり遠のいてしまっていた。おじいさんの体は、長い間着古した服のように、やさしく、親しげに、そこに横たわっている。

おじいさんに話したいことがたくさんあった。練習試合《しあい》のこと、味噌蔵《みそぐら》に泊《と》まったこと、おばあさんがしてくれたこわい話のこと、生まれて初《はじ》めての大ゲンカのこと、夜明けまでかかったトイレ掃除《そうじ》のこと、島で見たお墓《はか》のこと、魚の背《せ》のように光る海のこと、海にもぐると自分の体の中の音が聞こえること……そんなぼくの話や問いかけに、おじいさんがどういう反応《はんのう》を示《しめ》すかということが、不思議《ふしぎ》なくらいありありと目に浮《う》かぶ。少し前までは、おじいさんの顔を思い出すことさえできなかったのに。合宿《がっしゅく》の間も、ぼくは夜眠《ねむ》る前に、空想の中でおじいさんとその日のできごとなんかをいろいろと話し合っていた。帰ってからの会話を予行演習《えんしゅう》するみたいに。それはほんとうに、ほんとうに楽しかった。ぼくは布団《ふとん》をかぶって、ほかのやつらに気づかれないように、くすくす笑《わら》ったり、怒《おこ》ったり、自慢《じまん》してみたり、泣《な》きそうになったりしながら眠《ねむ》りについたのだ。

ぼくはぶどうを、おじいさんのくちびるにそっと押《お》し当てた。果実《かじつ》の汁《しる》が、おじいさんのこわばったくちびるをほどいてくれることを期待して。何か言ってよ。なんでもいいから、何か言ってよ。ひと言でも何か言ってくれたら、ぼくは一生、おじいさんの奴隷《どれい》になってもいいよ。草とりだってする。アンマだってする。毎日ゴミを出して、洗濯《せんたく》だってする。お刺身《さしみ》だって、毎日食べさせてあげる。だから、まだ行っちゃいやだよ……。

でも、何も聞こえなかった。その時、ぼくは初《はじ》めて泣《な》いた。

福祉事務所《ふくしじむしょ》の人が監察医《かんさつい》というお医者さんを連《つ》れて来ると、あとはもう、すべてがすみやかに運ばれた。突然《とつぜん》おじいさんの家は、大人《おとな》たちに占領《せんりょう》されてしまったのだ。ぼくたちのしたことといえば、警察《けいさつ》の人の質問《しつもん》にほんの少し答えただけだった。何時頃《ごろ》に来たの？　ここの家に何か用があったの？　ここのおじいさんとは、どういう関係《かんけい》？　どうしてここの家に来たの？

「来たいから来ただけだよ！」いらいらした河辺《かわべ》が叫《さけ》ぶと、質問《しつもん》はそれきりになってしまった。

近所のおばさんたちの視線《しせん》にさらされながら、それでもぼくたちはおじいさんを見守っていた。暗くなったころ、おかあさんがむかえに来て、ぼくたちは家に帰った。帰りたくなかった。でも、「帰りたくない」と言うこともできないほど、体中の力が抜《ぬ》けてしまっていた。

その夜、ぼくは眠《ねむ》れなかった。いろいろなことが次から次へ思い出されて、自分の部屋《へや》の窓《まど》から、外をいつまでも見ていた。ビルやマンションにふさがれて、おじいさんの家は見えない。今、あの家にあかりはついているんだろうか。だれかいるんだろうか。暗い部屋《へや》にテレビだけがついている。そのゆらゆらとした青い光の中で、おじいさんがぶどうを洗《あら》っている後ろ姿《すがた》が、ぼくには見えるような気がした。ぼくは小さく「ここにいるよ」とつぶやいた。すると胸《むね》の中にぽっかり開いた穴《あな》のようなものが、少しだけ、柔《やわ》らかな何かでふさがれるような気がした。ぼくは何度もつぶやいた。ここにいるよ……。

遠くで花火の音がする。暗い空に、姿《すがた》のない花火の音がひとつ……ふたつ……そして、ぼくはいつのまにか眠《ねむ》っていた。

【考えよう】

○ ぼくは、どうして抜《ぬ》け殻《がら》になったおじいさんのくちびるにぶどうを押《お》し当てたのでしょうか。

○ 「ここにいるよ」とつぶやいたぼくの心の穴《あな》は、なぜ少しだけふさがれたような気がしたのでしょうか。

作者紹介／あらすじは258ページ

翼《つばさ》のない天使たち

折原《おりはら》　みと

パーン！

ワーッ!!
一、二年生の組が走りだした。
小さな一、二年生と、父母の歩幅《ほはば》はあわないらしく、転倒《てんとう》するペアが続出する。

立ちあがるだけでも四苦八苦《しくはっく》の選手たち。

イラだってお母さんにモンクをいっている一年生。

しまいには、子供をかかえて走りだすお父さんもいたりして、グラウンドは大きな笑いと歓《かん》声《せい》につつまれる。

そんな熱気のなかで、智久《ともひさ》は、かたわらの菊《きく》じいの顔をのぞきこんだ。

あいかわらず生気《せいき》のない、どんよりした瞳《め》をしているが、その手は冷たくなって、小きざみにふるえている。

(よくわからないなりに、この声援《せいえん》に緊張《きんちょう》しているのかもしれない)

智久《ともひさ》は、かたくてカサカサした菊《きく》じいの手を、しっかりとにぎった。

みると、むこう側にいる淳平《じゅんぺい》も、いつになく真剣《しんけん》な顔をして、菊《きく》じいの手をにぎっている。

三人は、今、手と手でしっかりつながっているのだ。

智久《ともひさ》は、不思議だった。

六年生になったばかりの春、

智久《ともひさ》は、淳平《じゅんぺい》のことなんかキライだった。

いいかげんで、子供っぽくて、ヘラヘラして頭の悪いヤツだとバカにしていたのだ。

その淳平《じゅんぺい》につられて、ひょんなことから老人ホームにまよいこんでしまった。

最初は、陰気《いんき》くさくてイヤな場所だと思ったのだ。

苦手《にがて》な犬や猫《ねこ》がいるのにおどろいた。

それなのに、

いつからか、智久《ともひさ》はすすんでホームにかようようになっていたのだ。

淳平《じゅんぺい》のことも、今では好きだ。

子供っぽくてボーッとしているようにみえるけど、思いやりがあってたくましい。

淳平《じゅんぺい》は、ほんとうは自分よりずっと大人なのではないかと思うこともある。

今では、クラスのだれよりも、いい友だちだと思っている。

そして、菊《きく》じい。

最初に会ったときは、しつこい自慢話《じまんばなし》にイヤ気がさして、ひどい言葉をなげつけてしまったっけ。

なのにその菊《きく》じいと、今はこうして手をつないでいる。

不思議だ。

不思議。

たった半年のあいだに、自分がこんなにかわるなんて。

それは、『星の家』に行ったおかげだ。

今まで知らなかった世界を知ったおかげだ。

人の死も、老《お》いや人生の悲しみも。

みたくないものまでみたけれど、それは貴重《きちょう》な経験《けいけん》だった。
智久《ともひさ》は、感謝《かんしゃ》している。
ホームのたくさんのお年寄りたちに。
犬や猫《ねこ》に。
淳平《じゅんぺい》や光《ひかる》に。
もちろん、菊《きく》じいにも。
だから今、菊《きく》じいといっしょに走りたいのだ。
菊《きく》じいのために、自分にできることがしたいのだ。
あきらめたくない。
あきらめてほしくない。
自分のゴールにたどりつくまで。

いよいよ、五、六年生の順番がまわってきた。
五、六年生、各三クラスずつ、

六組のチームが、スタートラインにならんだ。

若々《わかわか》しい父母たちにまじって、ボンヤリ顔の菊《きく》じいも。

パーン!!

スタートの合図《あいず》のピストルがなった。

選手たちがいっせいに走りだすなか、智久《ともひさ》たちのチームだけが、スタートラインで立ち往生《おうじょう》している。

ピストルの音におどろいて、菊《きく》じいが立ちすくんでしまったのだ。

他の走者《ランナー》たちは、バランスをくずしてころんだりしながらも、五十メートル先のゴールをめざして走って行く。

「だいじょうぶだよ、菊《きく》じい。行こう」

「ゆっくりでいいからさ」

智久《ともひさ》たちにとっては、順位などはなから問題外だ。

とにかく、ゴールをめざすこと。

そのために、一歩一歩まえにすすむことが大事なのだ。

ホームの廊下《ろうか》で何度も練習したように、智久《ともひさ》と淳平《じゅんぺい》は、よろめく菊《きく》じいの体をささえて歩きだす。

ほんの五メートルほどすすんだころには、他の五組はもう全員ゴールしてしまっていた。

異様《いよう》な注目が、智久《ともひさ》たちにそそがれる。

事情を知っている先生方や一部の父母はべっとして、なにも知らない観客たちからすれば、智久《ともひさ》たち三人が、なにをしているのかわからない。

歩きはじめたばかりの赤ん坊《ぼう》のような足どりで、ヨタヨタと歩いて行く老人に、つきそっている六年生の二人。

ともあれ、その奇妙《きみょう》な三人組がゴールをめざしているのだということをみてとって、観客席からは、しだいに声援《せいえん》がおこりはじめた。

「おじいちゃん、がんばれー!!」

「しっかりー!!」

その声援こそ、智久《ともひさ》が菊《きく》じいにきかせたかったものだった。

応援《おうえん》してほしいんだ、みんなに。

長い人生を、けんめいに走ってきたお年寄りたちを。

年をとっているからって、どうしてうとんじられたり、ジャマにされなければならないんだろう？

長い年月、いろんなことを経験《けいけん》して、いろんな苦労をのりこえて、けんめいに生きてきた老人たち。

生きてるだけで、すごいんだ。

今まで生きてきたというだけで、すごい人たちなんだ。

小さくなることなんてない。

だれよりも、幸せになる権利《けんり》がある。

ゆっくりと、マイペースで、ゴールをめざしていけばいい。

みんなに、それを応援《おうえん》してほしい。


「がんばれーっ!!」

「行け行けーっ!!」

五十メートルという距離《きょり》が、こんなにも遠いものだと初めて感じた。

智久《ともひさ》が全力で走れば、八秒もかからないはずなのに。

ようやく半分をすぎたあたりで、智久《ともひさ》は菊《きく》じいの顔をうかがった。

最初はボンヤリしていた表情は真剣《しんけん》になり、赤く紅潮《こうちょう》した頬《ほお》には、キラキラと汗《あせ》が光っている。

(菊《きく》じい？)

智久《ともひさ》の想《おも》いがつうじたのか、
観客たちの応援《おうえん》のおかげなのか、
智久《ともひさ》たちにうながされるままにスタートしたはずの菊《きく》じいは、いつのまにか自分の意志《いし》で、ゴールをめざそうとしているようだった。

菊《きく》じいの顔に、ひさしぶりに生気《せいき》がもどっている。

「智《とも》くん、淳平《じゅんぺい》くーん‼」

智久《ともひさ》たちの行く手で、光《ひかる》の声がした。

みると、ゴールで光《ひかる》が手をふっている。

その横には、カメラをかまえている創《そう》さんや、諸星《もろぼし》園長の顔もある。

とっくに他の走者《ランナー》たちが走りぬけたゴールには、新しいテープがはられていた。

菊《きく》じいのためのゴールテープだ。

「もう少しだぞ！　がんばれーっ」

「あと少し、あと少し!!」

ゴールまでのこり十メートルほどにせまったとき、観客席から「あと少しコール」がおこった。子供たちも、父母たちも、もちろん、父母席のどこかにいる、智久《ともひさ》のお父さんやお母さんも。

「あと少し、あと少し!!」

もどかしい、一歩一歩。

だけどけんめいな、一歩一歩。

パーン!!

誇《ほこ》り高い最終走者《ランナー》がゴールテープをきった瞬間《とき》、

その健闘《けんとう》をたたえるように、競技終了《しゅうりょう》の合図《あいず》が空にひびいた。

グラウンドをつつむ拍手《はくしゅ》と歓声《かんせい》。

淳平《じゅんぺい》と光《ひかる》の笑顔《えがお》。

そして、大きな歓声《かんせい》にとまどいながらも、

菊《きく》じいが、顔じゅうをクシャクシャにして、うれしそうに笑っているのを、

智久《ともひさ》は、そのときたしかにみたのである。

秋の日の、青く澄《す》みきった空の下で。

【考えよう】

○ 智久《ともひさ》は、この半年の間で、自分がどんなふうに変わったと感じているでしょうか。

○ だれかのために、いっしょうけんめいに何かをしたことはありますか。

作者紹介／あらすじは259ページ

しらんぷり

梅田《うめだ》　俊作《しゅんさく》／桂子《よしこ》

劇《げき》の会がせまった日曜日、ぼくは、小道具係のセイヤとヨッチンにくっついて、川原《かわら》ヘススキをとりに行った。

「おーい、ぼうず!」

屋台《やたい》のおじさんが手まねきしてる。

ひぇー、またゴミ拾い?

今日はかんべんしてよ。

「客のサクラをたのむわ。日曜日やのにさっぱりでな。これがバイト料」

ホカホカのチクワがお皿にのっていた。

「あの子、このごろ見んけど、なんかあったんか?」

「ドンチャンのこと? ……学校、やすんでるんです」

「ふふ、パンツぬがされたのがショックだったんだよなあ」

ヨッチンのことばに、

「なんちゅうことや……」

おじさんの顔から笑《え》みが消えた。

ぼくらは食べかけのチクワを、そっと皿にもどした。

「あの子がいじめられても、いつもみんなしらんぷりなんやってな」

「……」

「なんでたすけてやらんのや」

「だって、そんなことしたら、こんどはこっちがいじめられるもの」

「しらんぷりいうのは、いじめに加わることやで。みんなでよってたかって、その子を痛《いた》めつけとることや。それで平気なんか」

「……」

若《わか》いカップルのお客さんがきたので、ぼくたちはホッとして、屋台《やたい》をはなれた。

「水切りしようぜ」

「ようし、競争だ」

ぼくたちは、心のモヤモヤをふりはらうように、小石を投げた。

トン、トン、トトト……

石が生きてるみたいに水の上を走ったとき、ぼくは思わず、とびあがった。

よろこんではチャレンジし、「やったー」と、とびあがってはまたチャレンジし、ぼくたちは、幼稚園《ようちえん》のころのようにこうふんして笑いあった。

【考えよう】

○ おじさんから「なんでたすけてやらんのや」と言われた「ぼくたち」は、どのような気持ちだったでしょうか。

○ いじめのないクラスをつくるには、どのようにしていけばよいと考えますか。

作者紹介／あらすじは259ページ

アフリカゾウから地球への伝言《でんごん》

中村《なかむら》　千秋《ちあき》

野生のヒョウやチーター、ライオンの毛皮は一九七〇年代前半までは、高価で豪華《ごうか》な衣装《いしょう》としてもてはやされました。ひとつの衣装《いしょう》文化となっていました。しかし多くを利用し尽《つ》くしたために、その個体数が激減《げきげん》して、文化的にも停止せざるを得《え》なくなったのです。自然からの素材《そざい》がなくなってしまえば文化は成り立ちません。

世界で唯一《ゆいいつ》印鑑《いんかん》文化を継続《けいぞく》している日本はどうでしょうか。高級印鑑《いんかん》には象牙《ぞうげ》が使われてきました。その象牙《ぞうげ》の源《みなもと》はいうまでもなく野生のゾウです。ゾウはアジア地域《ちいき》とアフリカ地域《ちいき》では種《しゅ》が異《こと》なります。日本で印鑑《いんかん》文化が発祥《はっしょう》したころにはアジア地域《ちいき》からの輸入《ゆにゅう》でした。アジア地域《ちいき》のゾウからの象牙《ぞうげ》のみばかりでなく、素材《そざい》の追求はアフリカの野生のゾウに及《およ》びました。和楽器にも象牙《ぞうげ》が使われてきました。三味線《しゃみせん》のバチ、琴《こと》のツメなどです。またピアノの鍵盤《けんばん》にも象牙《ぞうげ》が使われている時期がありました。

象牙《ぞうげ》は野生のゾウを殺さなければ得ることができません。象牙《ぞうげ》を取るためには歯医者が抜歯《ばっし》するように麻酔《ますい》をかけて抜《ぬ》く方法は使えません。ところがそのことを知らずに象牙製品《ぞうげせいひん》を使っている人が多くいます。私が一九七九年に行った調査《ちょうさ》では、五一パーセント、つまり約半数は象牙《ぞうげ》がゾウを殺すことによってしか得られない、ということを知らずにいました。最近では、アフリカゾウが絶滅《ぜつめつ》の危機《きき》に瀕《ひん》している原因《げんいん》が象牙《ぞうげ》をねらったゾウの密猟《みつりょう》であることが知られてきています。四〇年近く前と今では、人々の意識《いしき》も知識《ちしき》も変化してきました。

大自然、自然生態系《せいたいけい》からすると、日本に限《かぎ》らず、どこの人間社会でも伝統文化と聞くと、どこか怪《あや》しげです。しょせんは、人間が自然界にある素材《そざい》を利用し始めたところに端《たん》を発しています。使っている素材《そざい》は、どこからどうやって、どのように来ているのかを探《さぐ》ってみる必要があります。自然を資源《しげん》として成立している文化は、人間社会の傲慢《ごうまん》によって成り立っている場合が多いことも浮《う》き彫《ぼ》りとなってきます。

それでは、身の回りにある自然ならば利用して文化をつくってよいのでしょうか。これもまた疑問《ぎもん》があります。私のものなら何をどう使おうとよいではないか、というのが人間勝手な発想です。野生動物、大自然は人間の所有物ではありません。

大自然と文化は共存《きょうぞん》するのでしょうか。

私は、文化は柔軟性《じゅうなんせい》と尊厳性《そんげんせい》のある変化だと思っています。伝統もまた変化していく必要があります。

人間中心主義から一歩下がって、人間もふくめた大自然と歩み寄りつつ地球で健全に生きるためには、人間社会が固執《こしゅう》している伝統や文化を大自然に合わせて変えていく必要があるでしょう。

文化をつくるには素材《そざい》が必要です。その素材《そざい》が大自然からの搾取《さくしゅ》によりもたらされているのであれば、停止が必要でしょう。しかし、素材《そざい》を変えても代替《だいたい》する素材《そざい》を人間はつくることができます。原素材《げんそざい》に固執《こしゅう》しないことで、文化を変えつつ継承《けいしょう》させていくことができるのではないでしょうか。原素材《げんそざい》を用いなければ伝統的でない、というのであれば、その伝統は変化する必要があります。その素材《そざい》が大

自然を破壊《はかい》して公害を垂《た》れ流すような物質であってはなりません。そして、そういう物質でしか生産できないのであれば、その時に人間社会はその文化や伝統とは別れを告げるべきでしょう。例《たと》えばクロサイの角《つの》を使った刀の鞘《さや》があります。これが伝統的で文化的なものというのであれば、もはやその素材《そざい》は存在《そんざい》しなくなる危機《きき》にあります。それでも伝統を固守するのでしょうか。代替品《だいたいひん》を作成していくことができるはずです。漢方薬に使う原材料は野生生物である必要がどこまであるのでしょうか。人間がつくる素材《そざい》によって代替《だいたい》していくことは可能《かのう》なはずです。

人間社会にはきわめて多くの伝統や文化が生まれ、消滅《しょうめつ》していきます。それが単一的《たんいつてき》にならずに多様性を持っていることは大切なことです。一方で、素材《そざい》としての自然破壊《はかい》を続けるのであれば、自《みずか》ら首をくくるような地球全体の破壊《はかい》に加担《かたん》していくことになることにも気づくべきでしょう。

【考えよう】

○ 象牙《ぞうげ》は、どうやったら得ることができるのでしょうか。

○ 大自然と文化が共存することは大切です。そのためにどんなことが必要なのでしょうか。

作者紹介／解説は260ページ

教室——6年1組がこわれた日

斉藤《さいとう》　栄美《えみ》

文房具屋《ぶんぼうぐや》からの帰り道、美月《みづき》は本屋ものぞいてみることにした。自動ドアがひらくと同時に、入り口そばの雑誌《ざっし》コーナーで立ち読みしていた女子が顔をあげた。

「あれ、ミッズ」

「きょんちゃん……」

とたんにここへよったことを美月《みづき》は後悔《こうかい》した。一方、きょんちゃんは、美月《みづき》の後方へ警戒《けいかい》するような視線《しせん》を走らせる。そして、注意深くたずねた。

「ひとり？」

（あぁ）と思った。

はるひがいっしょかどうかを気にしてるんだ。

「うん、ひとりだよ」

やけに力強くうなずいていた。

(よかった。こんなところでふたりがはちあわせしたら、あたしだってこまっちゃうもの)

ほっとしたのはむこうも同様らしく、きゅうにうちとけた感じになるきょんちゃん。

「台風なのに、いいの？　出歩いたりして」

「うん。好きなんだ、こういう日。きょんちゃんこそ、『あぶない』って、でてくるのお母さんに止められなかった？」

「うち、昼間、だれもいないから。お母さん、働いてるし」

「そっか。じゃ、気楽なんだね」

「そっ。気楽、気楽」

さいきん、いろいろなことがあって、なんとなく近よりがたかったけれど、いま、目のまえにいるきょんちゃんは、まえから知ってるきょんちゃんだ。三、四年生のときもおなじ組だったし、けっこうよく遊んだ。はるひもまじって……。

会話がとだえた。

美月《みづき》はどきどきしてきた。

かんじんな話をしていない。

ききたいこと――きかなきゃいけないことがある気がする。

だけど……もし、ほんとうに、きょんちゃんの口から、それをきかされちゃったら……どうすればいい？

「あの」

「あのさ」

ふたりの言葉がかさなった。

「なに？　きょんちゃん」

「ミッズこそ、さき、いって」

「ううん、たいしたことじゃないから、きょんちゃん、どうぞ」

「………」

「………」

「じゃあ、いう。はるひのこと」

とうとう、きょんちゃんがそのことを口にした。

「ミッズはどう思ってる？　やっぱりあたしたちがひどいって、思ってる？」

いきなりど真ん中に直球をほうりこまれて、とっさに美月《みづき》はこたえられない。

「あたしたちだって、まさか、こんなになっちゃうとは思ってもいなかったんだよ。ここまでやるつもりなかった。はるひがなまいきでムカツクから、ちょっとこらしめてやろうって、そのていどだったの。でも、はじめたら、どんどんエスカレートしてって、クラス中にひろがって……」

きょんちゃんの顔つきはけわしくて、もう、まえから知っている、いっしょになって遊んだときのきょんちゃんではなかった。

「でもね、それって、はるひにも責任《せきにん》あるんじゃ

ない？　みんなだって、じつははるひにムカツイてたんだと思う。いつも、はるひってさ、自分が正しいって信じてるみたいな態度《たいど》とるでしょ。みんなが自分のいうこときくって自信満々《まんまん》で、いばってる。それって、けっきょく、先生にひいきされてるからなんだよ！　ヒスが味方についてること、わかっててなんだよ！」

　店内にいたわかい男のひとが、ふたりのほうをふりかえる。きょんちゃんは、いくぶん声を落とした。

「そりゃそうだよね。はるひって、先生に気にいられることばっかりしてるもんね。優等生《ゆうとうせい》。なのに、『そうじゃない』っていうじゃん。アレ、超《ちょう》ムカツク。きょうもさ、教科書のこと、いわなかったじゃん。カッコつけて『なくしました』なんてさ。でも、ふつう、そんなのうそだって気がつくよ。どう考えたっておかしいもの。やることミエミエ。

……わかってると思うけど、そう、みんな、あたしたちがかくしたの」

　わかっていた。わかっていたけど……ショックだった。

「けど、あたし、わるいことしてるって、思ってないから！」

　きょんちゃんがいった。

「もとはといえば、はるひのこと、ひいきするヒスがいけないいんじゃない。ひいきされるような態度《たいど》ばっかとってる、はるひだってわるいよ。教室の中ではどの子も平等《びょうどう》なはずでしょう？でも、6の1は平等《びょうどう》じゃないもの！」

きょんちゃんは、いどむような目で美月《みづき》をにらんでいる。

「……そうだね。あたしもヒスがきらいだよ」

「えっ？」

夜になり、いよいよ雨風は強まってきた。よりによって、こんな日に、とーさんはめずらしく残業。お母さんはバスタイム中だ。

つけっぱなしのテレビが、台風の被害《ひがい》の状況《じょうきょう》をひっきりなしにつたえている。美月《みづき》は、ソファーの上でクッションをかかえ、見る気もなくながめていた。

昼間、本屋でばったり会ったきょんちゃんから、はるひのことをうちあけられたとき。ふだんは感じないのに、なにかのしゅんかん、ふと、うずく思い――ううん、もしかしたら、その思いは美月《みづき》の心のどこかに、いつもすみつづけていたのかもしれない。でも、気づかないふりをしていた。だって、はるひは親友だ。なのに、こんな気持ちになるなんて……みにくいと思う。自分で自分がゆるせない。

ところが、きょんちゃんはいった。『はるひは先生にひいきされてる。ひいきされるような態度《たいど》をとる、はるひがわるい。一組は平等《びょうどう》じゃない！』と。

とつぜん、目のまえが明るくなった気がした。林を歩いているうち、前方にぽっかり光のあながあいているのを発見したみたい。肩《かた》からふぅーっと力がぬけていく。なにより、きょんちゃんがおなじ気持ちでいてくれたことがわかって、うれしかった。

だから、つい、いってしまったんだ。

『あたしもヒスがきらいだよ』

でも、その帰り道、美月《みづき》はもうくやんでいた。

もともと心の中をひとに見せることが、とくいではない。なのに、きょう、きょんちゃんにつたえてしまったのは、ずっとないしょにしてきた、胸《むね》の奥《おく》の、奥《おく》の気持ちだ。それも、先生をきらいだなんていう、強烈《きょうれつ》な気持ち。

（きょんちゃんはだれかに話すかな。もう愛《あい》ちゃんか阿部《あべ》さんに電話しちゃったかも……。

そしたら、このこと、あしたにはクラス中にひろまっちゃうよね。先生の耳にもはいる？　はるひには？

どうしよう……。これからどうなるの？　あたし……）

嵐《あらし》が雨戸をガタガタときしませていた。テレビの中では、リポーターが、レインコートのフードをおさえながら、どこかの海岸から決死の現場報告。

（なんで？　なんで、こんなに、ひとのことが気になっちゃうんだろう）

だいたいが、心を表にあらわせないことからして、おくびょうな証拠《しょうこ》じゃないだろうか。

はるひといっしょにいても、ほんとうはいつだってだれかの目を気にして、どきどき、びくびくしている。

でも、だからって、はるひからはなれてしまうことなんかできっこない。

そんなことをしたら、はるひは、教室の中でひとりぼっちになっちゃうもの。

と、美月《みづき》は思いあたった。

（はるひは、もう、ひとりぼっちなんじゃないの？）

はるひへのイジメをやめて、って、きょんちゃんにいえなかった。

友だちなら、あのとき、とうぜんはるひをかばうべきだったのに。きょんちゃんに賛成するようなことまでいってしまった。

いっしょにいるだけ。胸《むね》の底では、とっくに、美月《みづき》は、はるひをうらぎっている。

（ひきょうだ……。はるひのうわばきをかくしたきょんちゃんたちよりも、もっとあたしのほうが、ずっと、ひきょうだ……）

美月《みづき》はクッションに頭を押《お》しつけた。

真夜中、狂暴《きょうぼう》な雨風をひきつれて、台風16号が北日本の海上を通過していった。

【考えよう】

○　あなたが美月《みづき》だったら、きょんちゃんの話を聞いた時、どのように答えていたでしょうか。

○　「正しいことではない」とわかっていても、自分のマイナスの心に負けそうになったことはありますか。また、どうやったらマイナスの心に打ち勝つことができるでしょうか。

作者紹介／あらすじは261ページ

ないたあかおに

浜田《はまだ》　廣介《ひろすけ》

あかおにくん。
にんげんたちと　なかよく　まじめに　つきあって、いつもたのしく　くらしなさい。
ぼくは、しばらく、きみと　おわかれ。この　やまを　でて　ゆく　ことに　きめました。
きみと　ぼくと、いったり　きたり　して　いては、にんげんたちは、きに　なって、おちつかないかも　しれません。そう　かんがえて、たびに　でる　ことに　しました。
ながい　たび、とおい　たび、けれども、ぼくは、どこに　いようと、きみを　おもっているでしょう。きみの　だいじな　しあわせを　いつも　いのって　いるでしょう。
さようなら、きみ、からだを　だいじに　して　ください。
　どこまでも　きみの　ともだち　あおおに

あかおには、だまって　それを　よみました。
三ども　四ども　よみました。
「ああ、あおくん、きみは　そんなに　ぼくを　おもって　くれるのか。」
いわの　とに、りょうてを　あてて、あかおには、かおを　おしつけ、たらたらと　なみだを　ながして　なきました。

【考えよう】

○ 青鬼《あおおに》は、どのような気持ちで赤鬼に手紙を書いたと思いますか。

○ あなたが赤鬼なら、このあとどのような行動をしますか。

作者紹介／あらすじは262ページ

こころの処方箋《しょほうせん》

河合《かわい》　隼雄《はやお》

善《ぜん》は微《び》に入り細《さい》にわたって行わねばならない

いつかも書いたことがあるが、人間はまず自分の好きなことをすることが大切である。好きと感じることを行ううちに、新しい世界が広がってくる。と言っても、好きなことをするのは近所迷惑《めいわく》なことも多い。そこで、近所迷惑《めいわく》をあまりにも恐《おそ》れることになると、結局のところ、何もできなくなる。近所迷惑《めいわく》のことも自覚しつつ、それでも好きなことをやっていくところに、人生の面白味《おもしろみ》が出てくるものである。

好きなこととして、「善行《ぜんこう》」をしたい人たちがいる。この人たちのいちばん困《こま》ることは、何しろ善《よ》いこと
をしていると思っているため、近所迷惑《めいわく》についての自覚が薄《うす》いことである。

一例をあげてみると、老人ホームにやってくるボランティアの人がいる。やってくると、老

人にやたらに親切にする。老人の方もやはり誰《だれ》かに甘《あま》えてみたいものだから、何やかや要求する。それに応じていると、老人もうれしくなって、平素《へいそ》はできないことまでする。これは確《たし》かに素晴《すば》らしいことである。しかも、このような行為《こうい》を、この人は無償《むしょう》でやっているのだから、ますますそれは「善行《ぜんこう》」と言うべきである。

しかし、こんな人が時たま来てくれると、施設《しせつ》の人たちが後で苦労することになる。甘《あま》えることの味を覚えた老人は、次の日になると、今まで自分でしていたことまでしなくなって、他人に頼《たよ》ろうとする。施設《しせつ》にいる人たちは、それにいちいち応《おう》じていられないし、やはり老人と言っても、できるかぎりは自立的に生きて欲《ほ》しいものだ。

時には、この老人が、ボランティアの誰《だれ》それさんは優《やさ》しい人だけど、ここの施設《しせつ》の人は冷たい人ばかりだ、などと言いだすかもしれない。こうなると施設《しせつ》の人は面白《おもしろ》くない。そこで、ボランティアの人が次に来たときは、あまり歓迎《かんげい》しない。そこで、「あれっ」と気がついて施設《しせつ》の人と話し合うようなボランティアの人は、本当に素晴《すば》らしい人だ。しかし、一般《いっぱん》に「善行《ぜんこう》」は他人の気持ちにノーマークの人が多いので、そのまま平気でやってくる。と言っても、ものごとには限度《げんど》があって、施設側《しせつがわ》から急に来所を拒《こば》まれたり、板ばさみになってきた老人が急に無愛想《ぶあいそう》になってきたり、とかの破局《はきょく》を迎《むか》える。

こんなときに、せっかく善意《ぜんい》で行ってやっているのに何だあの施設《しせつ》は、というので、そこをやめて、他の所にボランティアに行く、というような渡《わた》り鳥的善行《ぜんこう》をくり返している人もある。

しかし、本当に善《ぜん》を行いたいのだったら、「微《び》に入り細《さい》にわたって行わねばならない」のである。施設《しせつ》の人の不機嫌《ふきげん》を感じとったら、それについて考えてみる必要がある。老人が、あれをして欲《ほ》しいこれをして欲《ほ》しいと言ったとき、それにすぐ応じることが、本当に意味のあることか、と考えてみる必要がある。それらのことをひとつひとつ取りあげ、考えてゆかないと、善《ぜん》が善《ぜん》にならないどころか、有害なことにさえなってくる。

そこで、頭書のような言葉が大切となるのだが、実は、

これはウィリアム・ブレイクの「他者に善《ぜん》をおこなわんとする者は、微《び》に入り細《さい》にわたっておこなわなければならない」という言葉を短く言い直したものである。

いわゆる先進国の対外援助《えんじょ》の実態《じったい》などを見ていると、この言葉の重要性を痛感《つうかん》させられる。たくさんの金を使って、いろいろ物を送りこむのだが、それによって、その国は果たして「豊《ゆた》か」になるのだろうか。本来はその国に無かった物を急激《きゅうげき》に大量に送りこむことによって、その文化のもっている基本的パターンを壊《こわ》すようなことをしていいのだろうか。それは武器《ぶき》による侵略《しんりゃく》と類似《るいじ》のこととさえ言えそうに思われる。

微《び》に入り細《さい》にわたるような面倒《めんどう》なことはしたくない。ともかく善意《ぜんい》でやっているのだから、と言う人は、それは自分が好きでやっているだけのことで、賞讃《しょうさん》に値《あたい》しないどころか、きわめて近所迷惑《めいわく》なことをしているのだ、という自覚ぐらいは持って欲《ほ》しいと思う。ボランティア活動というのは、よほど気をつけてやらないと、逆効果《ぎゃくこうか》を生《しょう》ぜしめたりするものなのである。

それが嫌《いや》な人は、微《び》に入り細《さい》にわたってやっていただきたい。いったんそれをはじめると、善《ぜん》を行うことがどんなにむずかしいことであるかがわかることであろう。自分では善《ぜん》と思っていても、本当はどうなのかはわからないと思えてくる。そうなってくると、善人に共通する不《ふ》愉快《ゆかい》な傲慢《ごうまん》さが少しずつ消えてくる。善《ぜん》とか悪とかいうことよりも、自分の好きなことをさせていただいている、ということが実感されてくる。「神は細部に宿《やど》り給《たも》う」というワールブルクの言葉も、こんなことに関連しているのだろう。

【考えよう】

○ 人間は好きなことをすることが大切ですが、そのとき何を自覚することが必要なのでしょうか。

○ あなたがボランティア活動に参加することになったら、どのようなことに気をつけますか。

作者紹介／解説は263ページ

「ごめんなさい」がいっぱい

くすのき　しげのり

「ふうちゃん、だいじょうぶなんやろか」

「はしったり、えを　みて　かんがえたり、かずを　かぞえたり。おねえちゃんが、ふうちゃんぐらいの　ときには　できてたのに、ふうちゃんには　できなかったり　まちがったりすることが、たくさん　ある……」

「おまけに　このごろは、すぐに『ごめんなさい』って　いうように　なって」

「ほんまになあ……」

よる、おそくまで、おとうさんと　おかあさんが　はなしてた。

「ふうちゃん、かけっこしよう」

わたしは　ふうちゃんに、はしる　れんしゅうを　させてあげようと　おもった。

でも、はしりだして　すぐに　ふうちゃんが　こけた。

「ふうちゃん、また　こけた。おねえちゃんは、こんなとこでは　こけんよ！」

わたしは、「だいじょうぶ？」よりもさきに　いうてしもた。

「おねえちゃん、ごめんなさい」

ふうちゃんが、なきながら「ごめんなさい」を　いうた。

きんようび、おばあちゃんが　あそびにきた。

「ふうちゃんの　ことやけどなあ。このこ、めは、ちゃんと　みえてる?」

「それは　だいじょうぶですって。ふうちゃん、おかあさんも　おばあちゃんも　みえてるなあ」

「うん、みえてるよ」

「それなら　ええけど」

でも、つぎの　ひ、おかあさんと　おとうさんは、ふうちゃんを　めの　おいしゃさんへつれていった。

ふうちゃんは、いろいろな
けんさを　した。

「おとうさん　おかあさん、このこ、とおくは　みえてますが、
ちかくの　ものが　みえにくいようです」
おいしゃさんが　ゆっくりと　はなした。
「でも、たずねたら、『みえる』って……」
「そりゃ　そうでしょう、
みえていたのが　みえなくなったのと　ちがうんですよ。
このこは、はじめから　この　じょうたいやから、
なんとなく　みえてても、『みえる』って　いうてたんですよ」
それから、おいしゃさんが、ふうちゃんの　めの　ことを
くわしく　せつめいしてくれた。
「しょほうせんを　かきます。メガネやさんへ　いってくださいね」

ふうちゃんが　よく　こけたのも、かずを　かぞえまちがってたのも、
ちかくの　ものが　みえにくかったから、と　いうことが　わかった。

「ふうちゃん、……おめめが　みえにくかったんやね」
かえりみちの　こうえんで、おかあさんが　いうた。
「ごめんなさい」
ふうちゃんが　ちいさな　こえで　いうた。

【考えよう】

○　あなたがふうちゃんのお姉さんだとしたら、最後の場面でふうちゃんに何と声をかけますか。

○　気づいてもらえたふうちゃんは、どんな気持ちになったのでしょうか。

作者紹介／あらすじは264ページ

どんなかんじかなあ

ともだちの　まりちゃんは　めがみえない。
それで　かんがえたんだ。
みえないって　どんなかんじかなあって。
しばらく　めを　つぶっていたら　わかるかもね。
うん、めを　つぶっていてみよう。
なんてたくさん　いろいろな　おと!!

中山《なかやま》　千夏《ちなつ》

ぼくは　おどろいて　めをあけた。
まえと　おなじ　しんとした　よのなかだった。
だから　まりちゃんにあったとき　いったんだ。
「みえないって　すごいんだね。あんなにたくさん　きこえるんだものね。
みえるって　そんだね。
ちょっとしか　きこえてないんだものね」
まりちゃんは　わらって　こういった。
「ひろくんって、かわってる」

もうひとりのともだち　さのくんは、みみがきこえない。
きこえないって、どんなかんじかなあ。
よし、しばらく　みみをふさいでみるぞ。
かあさ～ん、みみせん　もってきて！

なんということだ!!
かあさんのかおの　ほくろのかず、はじめて　しったよ。
ななつ　あったんだね。

それで　さのくんに　あったとき、いったんだ。
「きこえないって、すごいんだね。あんなにたくさん　みえるんだものね。
きこえるって　そんだね。
ちょっとしか　みえないんだものね」
さのくんは　きょとんとしていた。
それから　ぷっとふきだして　いった。
「ひろくん、かんがえすぎー」
あ、ぼくはしゅわができない。
だから、さのくんは、ほとんど　ぼくのくちをみていて、いうことがわかるんだ。

それも　すごいでしょ。

…………

べつのともだちの　きみちゃんは
おとうさんもおかあさんも　いないんだ。
こうべに　いたとき
おおじしんで　しんじゃったんだって。
それって、どんなかんじかな。
いっしょうけんめい　かんがえたけど、わかんなかった。
だって、とうさんと　かあさんを、
なくしてみるわけには　いかないものね。
だから、きみちゃんがきたとき、きいてみたんだ。
「きっと、すごおく　さびしんだろうね」
きみちゃんは　ちょっとかんがえてから、こういった。
「そうでもないよ」

ほんとかなあ。
「ほんとだよ」
ほんとかなあ。

…………

つぎのにちようにきみちゃんがきて　こう
いった。
「わたしね、いちにちじいっと　うごかないで
みたの」
へええ。
「どんなかんじかなあ、とおもって」
どんなかんじだった？　とぼくはきいた。
きみちゃんは　こういった。
「うごけないって、すごいんだね。

じっとして　そらをみていたら、
いつもの　ひゃくばいくらい　いろんなこと　かんがえたよ。
わかったことも　たくさんあったよ。
だから、ひろくんは、がくしゃみたいなんだね」
ぼくは、てれくさくて、ただわらった。

そうかもね。
うごけないって、すごいことなのかもしれないね。
ぼくって、すごいのかもしれないね。

きょうもぼくは　いつものようにかんがえている。
うちゅうのこと、ぶんしのこと、こだいのこと、
それから、
うごけるって、どんなかんじかなあ、とかね。

【考えよう】

○ さのくんは、なぜふきだしたのでしょうか。

○ 今日もぼくは、いつものように考えているのはどうしてでしょうか。

作者紹介／あらすじは265ページ

読んでみよう

ほかにも、こういう作品があります。

『十歳のきみへ―九十五歳のわたしから』日野原重明（冨山房インターナショナル）

『働く幸せ―仕事でいちばん大切なこと』大山康弘（WAVE出版）

『新幹線お掃除の天使たち―「世界一の現場力」はどう生まれたか？』遠藤功（あさ出版）

『サンタクロースって いるんでしょうか？』ニューヨーク・サン新聞より、中村妙子訳（偕成社）

世界でいちばん貧しい大統領のスピーチ

くさば　よしみ　編

二〇一二年、ブラジルのリオデジャネイロで国際会議が開かれました。環境《かんきょう》が悪化した地球の未来について、話し合うためでした。

世界中から集まった各国の代表者は、順番に意見をのべていきました。しかし、これといった名案《めいあん》は出ません。

そんな会議も終わりに近づき、南米の国ウルグアイの番がやってきました。

演説の檀上《だんじょう》に立ったムヒカ大統領。質素《しっそ》な背広《せびろ》にネクタイなしのシャツすがたです。そう、かれは世界でいちばん貧しい大統領なのです。

給料の大半を貧しい人のために寄付《きふ》し、大統領の公邸《こうてい》には住まず、町からはなれた農場で奥《おく》さんとくらしています。花や野菜を作り、運転手つきの立派《りっぱ》な車に乗るかわりに古びた愛車を自分で運転して、大統領の仕事に向かいます。
身なりをかまうことなく働くムヒカ大統領を、ウルグアイの人びとは親しみをこめて「ぺぺ」とよんでいます。

さて、ムヒカ大統領の演説が始まりました。会場の人たちは、小国の話にそれほど関心をいだいてはいないようでした。しかし演説が終わったとき、大きな拍手《はくしゅ》がわきおこったのです。

……………

いまの文明は、わたしたちがつくったものです。わたしたちは、もっと便利《べんり》でもっとよいものを手に入れようと、さまざまなものをつくってきました。おかげで、世の中はおどろくほど発展《はってん》しました。

しかしそれによって、ものをたくさんつくって売ってお金をもうけ、もうけたお金でほしいものを買い、さらにもっとたくさんほしくなってもっと手に入れようとする、そんな社会を生み出しました。

いまや、ものを売り買いする場所は世界に広がりました。わたしたちは、できるだけ安くつくって、できるだけ高く売るために、どの国のどこの人々を利用したらいいだろうかと、世界をながめるようになりました。

そんなしくみを、わたしたちはうまく使いこなしているでしょうか。それとも、そんなしくみにおどらされているのでしょうか。

人より豊《ゆた》かになるために、情《なさ》けようしゃのない競争をくりひろげる世界にいながら、「心をひとつに、みんないっしょに」などという話しができるのでしょうか。だれもが持っているはずの、家族や友人や他人を思いやる気持ちは、どこにいってしまったのでしょうか。

こんな会議をしてもむだだと言いたいのではありません。むしろその反対です。

わたしたちが挑戦《ちょうせん》しなくてはならない壁《かべ》は、とてつもなく巨大《きょだい》です。目の前にある危機《きき》は地球環境《かんきょう》の危機《きき》ではなく、わたしたちの生き方の危機《きき》です。人間は、いまや自分たちが生きるためにつくったしくみをうまく使いこなすことができず、むしろそのしくみによって危機《きき》におちいったのです。

201

……………

人類がほらあなに住んでいた時代の生活にもどろう、と提案《ていあん》しているのではありません。時代を逆もどりさせる道具を持とうと言っているのでもありません。

そうではなくて、いまの生き方をずるずると続けてはいけない、もっとよい生き方を見つけないといけないと言いたいのです。わたしたちの生き方がこのままでよいのか、考え直さないといけない。そう言いたいのです。

古代の賢人《けんじん》エピクロスやセネカ、そしてアイマラ民族は、つぎのように言いました。

「貧乏《びんぼう》とは、少ししか持っていないことでは

なく、かぎりなく多くを必要とし、もっともっとほしがることである」

このことばは、人間にとって何が大切かを教えています。

わたしは、この会議でみなさんが努力し、意見をまとめようとしておられることに敬意《けいい》を表したいと思っています。また、国の代表者として、みなさんと同じ気持ちでいたいと思っています。でも、いまお話ししたことのいくつかは、みなさんには頭にくることでしょう。

しかし、知らなくてはなりません。水不足や環境《かんきょう》の悪化が、いまある危機《きき》の原因ではないのです。ほんとうの原因は、わたしたちがめざしてきた幸せの中身にあるのです。見直さなくてはならないのは、わたしたち自身の生き方なのです。

【考えよう】

○ この演説の一部を読んで、ムヒカ大統領が伝えたかったことはどんなことだと思いますか。

○ 「よりよい生き方」とは、どういうものだと思いますか。

編者紹介／あらすじは266ページ

愛のひだりがわ

筒井《つつい》　康隆《やすたか》

赤毛が、その声におどろいて、わたしの足をはなした。

わたしはすぐ、ジュンの手にかみついた。ジュンは「あっ」と叫《さけ》んで、わたしをはなした。

すぐ近く、道路のまがりかどの塀《へい》の前に、作務衣《さむえ》という、昔の作業着のような和服を着た老人が立ち、鋭《するど》い目でこちらをにらみつけていたので、わたしはそのひとのうしろへ逃《に》げ、腰《こし》にすがりついた。

老人は、きびしい口ぶりで三人にいった。「児童誘拐《ゆうかい》。どうだ。そうにちがいなかろう」

「あっ。ちがうよ。ちがうよ、おじいさん」ヤマトはくすくす笑いながら、いつものおっちょこちょいな身ぶりで老人にいった。「その子、おれの妹でさあ、家出したんだ。だからつれもどしにきたんだよう」

「ウソよ」わたしは老人に、小さな声で教えた。

「そうかなあ。どうも妹とは思えんぞ」老人も、急に、ふざけているような口ぶりになって、笑いながらいった。「おまえと、ちっとも似《に》とらんじゃないか」

「おまえなんかとへらへら話しているひま、ねえんだよ。じじい」ジュンが、わたしにかまれた手の甲《こう》の痛《いた》さに腹《はら》を立てて、大声でどなった。「おれたち相手にして、その子を守ってやろうってか。ばか。おれたち三人に勝てると思ってるのか。死ぬぞ。じじい」

「ほう。わしに勝てると思っとるな」老人は落ちついていた。「ではためしにかかってきなさい。いっとくが、わしは剣道《けんどう》七段《だん》、北辰一刀流免許皆伝《ほくしんいっとうりゅうめんきょかいでん》」

「何いってるのか、よくわからないけどさ」と、ヤマトがいった。「武器、持ってないじゃないか。あはははは」

「何も知らんな。あはははは。剣道というのはな、武器をもたずとも勝てるんじゃよ」老人はわたしの背中《せなか》のデイパックを押《お》して、三人に背《せ》を向けた。「さあ、行こうか」

歩きだしながら、わたしがそっとふり返ると、三人は顔を見あわせていた。おそいかかってくるほどの勇気は、ないようだった。

「誘拐《ゆうかい》はそっちじゃないか」

「愛ちゃん。そのじじい、愛ちゃんを誘拐《ゆうかい》して、売りとばすつもりだぞ」

「おぼえてろ。じじい。自警団《じけいだん》といっしょにとり返しにくるからな」

三人はわめきつづけた。わたしは老人の手をしっかりにぎって、はなさなかった。

やがてエンジンをふかす音がして、車は遠ざかっていった。

「あきらめたらしいな」老人はわたしの顔をのぞきこんだ。「おまえさんは、萩町《はぎまち》の『おかめ』で働いていた、愛って子じゃろ。わしをおぼえとらんかね」

見ると、月に一度くらい、いつも連れ立ってやってくる白髪頭《しらがあたま》の、三人の老人のひとりだった。

「知ってる」

「萩町《はぎまち》には、友達がおってな。ときどき会いにいっては『おかめ』でいっしょに飲む」

ずいぶん遠くまできたつもりだったけど、まだこのへんにも、わたしを知っているひとがいるんだ、そう思って、ちょっとがっかりした。

「おまえさんは、『おかめ』の子じゃなかったのかい」

「ちがう」と、わたしはいった。「お父さんが、いなくなったの。それで、お母さんとふたり、あの店で働いていたの。そしたらお母さんが、死んだの」

「ほう」老人はため息をついた。「そうだったのか。それであんなに、夜おそくまで働かされておったんだな。ふーん。労働基準法《ろうどうきじゅんほう》は、今でも生きておるはずだがなあ。ずいぶん、どなられていたじゃないか。おまえさん、名前はなんていうんだい」

「月岡愛《つきおかあい》」

「わしは、真田一平《さなだいっぺい》という」

頑丈《がんじょう》そうな門のある家の前をとおるとき、老人は小声でいった。「ここが、わしの家だがね。おまえさんをつれてかえったりしたら、息子の嫁《よめ》がうるさいのでな。入れてやれん。おまえさん、昼飯はまだかな。そうか。じゃあ、そこの食堂へ行こう」

わたしたちは、また表通りに出た。

老人のことを、どう呼《よ》べばいいのかわからなかった。おじいさんというと、怒《おこ》るひとがいるからだ。

「何かの先生ですか」

わたしがそうたずねると、老人は大声で笑った。

「剣道《けんどう》七段《だん》というのはウソじゃや。あの子たちはそれほどワルじゃなくて、純真《じゅんしん》だから、だましやすい」

ヤマトたちのことを純真だというので、わたしはおどろいてしまった。

「ああそうか。わしなら、わしはみんなからご隠居《いんきょ》さんと呼《よ》ばれとるよ」

表通りに、古い食堂があった。おかみさんはご隠居《いんきょ》さんと親しかった。わたしたちのほかには、作業服を着た中年の男のひとがふたりいるだけだったが、すぐに出ていった。わたしたちは窓《まど》ぎわの席に、向かいあってかけた。ご隠居《いんきょ》さんは、やさしい目はしているものの、いざとなればこわいことも平気でできそうな、なんとなく油断のできないところがあるひとだった。まじめそうだったが、ときには、ちょっとくずれたような態度や、ことばを見せたりもした。でも、わたしはなぜか、このご隠居《いんきょ》さんを信じることができた。なんでも好きなものをごちそうしてやるというので、わたしは天丼《てんどん》とみそ汁《しる》を注文した。ご隠居《いんきょ》さんは、オムライスをたのんだ。

「あの店を出てきて、これからどうするつもりかね」と、ご隠居《いんきょ》さんが聞いた。

「お父さんをさがしに行きます」

ご隠居《いんきょ》さんは目を丸くした。「ひとりでかね」

「はい」わたしは、胸《むね》のポケットから、写真を出して見せた。

「お父さんの名前は」

「月岡忠弘《つきおかただひろ》です。お母さんはたま子といって、『おかめ』の佃《つくだ》さんと同級生だったの。それであの店を手伝って、あそこに住んで」わたしはご隠居《いんきょ》さんに、今までのことを話した。

「えらい子だねえ」天丼《てんどん》とオムライスを運んできたおかみさんが、そういった。「でもねえ、お父さんをさがすったって、ひとりじゃ、とても無理だよねえ」

「このぶっそうな世の中じゃなあ」

しばらくわたしの食べるようすを見ていたご隠居《いんきょ》さんは、たずねた。「おまえさん、左手がきかんのか」

わたしがうなずくとご隠居《いんきょ》さんは、オムライスも食べず、考えこんでしまった。わたしが夢《む》中《ちゅう》で天丼《てんどん》をほとんど食べてしまうと、窓《まど》の外をながめたままで、ご隠居《いんきょ》さんは話しはじめた。

「悪い世の中になったもんだよ。みんな、自分のことしか考えんようになった。自分さえよけりゃいいってんで、平気で悪いことをするようになった。役人も、みんながやっているからってんで、競争で悪いことをする。悪いことをして、自分だけ金持ちになって、いい家に住んでも、それが自分にはね返ってくることが、わかっておらん。いい家に住むほど、強盗団《ごうとうだん》にねらわれて殺されてしまうんだもんな。盗賊《とうぞく》たちだって、悪いことして金持ちになった人間を殺して、何が悪いと思っとる。警察《けいさつ》も無力になった。何しろ警官《けいかん》になろうという若《わか》い者がおらん。いっときは二十万人近くいた警察官《けいさつかん》が、今じゃ全国でたったの二万人じゃ。犯罪があっても、警察《けいさつ》はまったく役に立たん。だから金のある連中は、自警団《じけいだん》を作らせて、自分たちをまもらせておるが、その自警団《じけいだん》がまた悪いことをするようになった。今、バイクで走っていったあの若《わか》いやつらも、自分たちさえ面白《おもしろ》けりゃよいわけで、ひとのことなど考えてはおらん。ああいう古い自動車に乗ってるやつらも、きたない排気《はいき》ガスはきちらして平気じゃ。こんな黒い空になってしもうても、まだ、やっとる。みんな、どうせ悪い世の中だから、悪いことしなけりゃ損《そん》じゃと思うておるが、それがますます世の中を悪くするってことには知らんふりだ。このままではもう、人間社会、おしまいだな」

「でも、どうしたらいいの」食べ終わり、わたしは聞いた。

「どうにもならん」ご隠居《いんきょ》さんはかぶりをふった。それから、わたしに笑顔《えがお》を向けていった。

「実はな、わしも家で、いじめにあっておるんだよ」

「えっ」わたしはびっくりした。「ご隠居《いんきょ》さんが」

「わしは、この表通りで、大きな食料品の店をやっておったんだがね。息子の嫁《よめ》が、金がほしいもんだから、息子をたきつけて、わしに店を売らせてしまい、わしから生きがいを奪《うば》いおったんじゃ」

おかみさんが、笑いながらいった。「でもしのぶさんは、ご隠居《いんきょ》さんがお金をくれないって、ぶうぶう不平をいってるよ」

「そりゃ、あたりまえじゃ。金を全部やったりしたら、たちまち使いはたしてしまいおるわい」

ご隠居《いんきょ》さんはため息をついた。「さあ、それからは、わしをやっかい者あつかいして、金をせびるときしか笑顔《えがお》を見せんようになった。わしが死ぬのを待っておるんじゃよ」

「このごろは、そんな嫁《よめ》さんが、多いらしいねえ」おかみさんがいった「親の金しかあてにできないので、みんな、親が早く死ぬのを、待っているんだってさ。親を殺したひともいるじゃないか」

「わしも殺されるかもしれんな」ご隠居《いんきょ》さんは、テーブルの上にからだをのりだして、わたしにいった。「なあ、愛ちゃんや。わしはおまえさんといっしょに、親父《おやじ》さんをさがしに行ってやろうと思う」

「ええー」こんどこそ、わたしはほんとにおどろいた。「ご隠居《いんきょ》さんが」

「いやかね。こんなおいぼれじゃが、いろいろと役には立つぞ。それに、自分の金をぜんぶ持ってくるから、食うのに困《こま》りはせん。どうじゃ。めいわくはかけんから、わしをつれて行きなさい」

「つれて行くだなんて、そんな。でも、ずっと歩いていくのよ」

「心配するな。まだ足腰《あしこし》は丈夫《じょうぶ》じゃ」

おかみさんが、笑いだした。「まあ。ご隠《いん》居《きょ》さん。酔狂《すいきょう》だね」そしてわたしにいった。

「お嬢《じょう》ちゃん。ついてきてもらいなさいよ。たよりになるよ。なんたってご隠居《いんきょ》さんは、

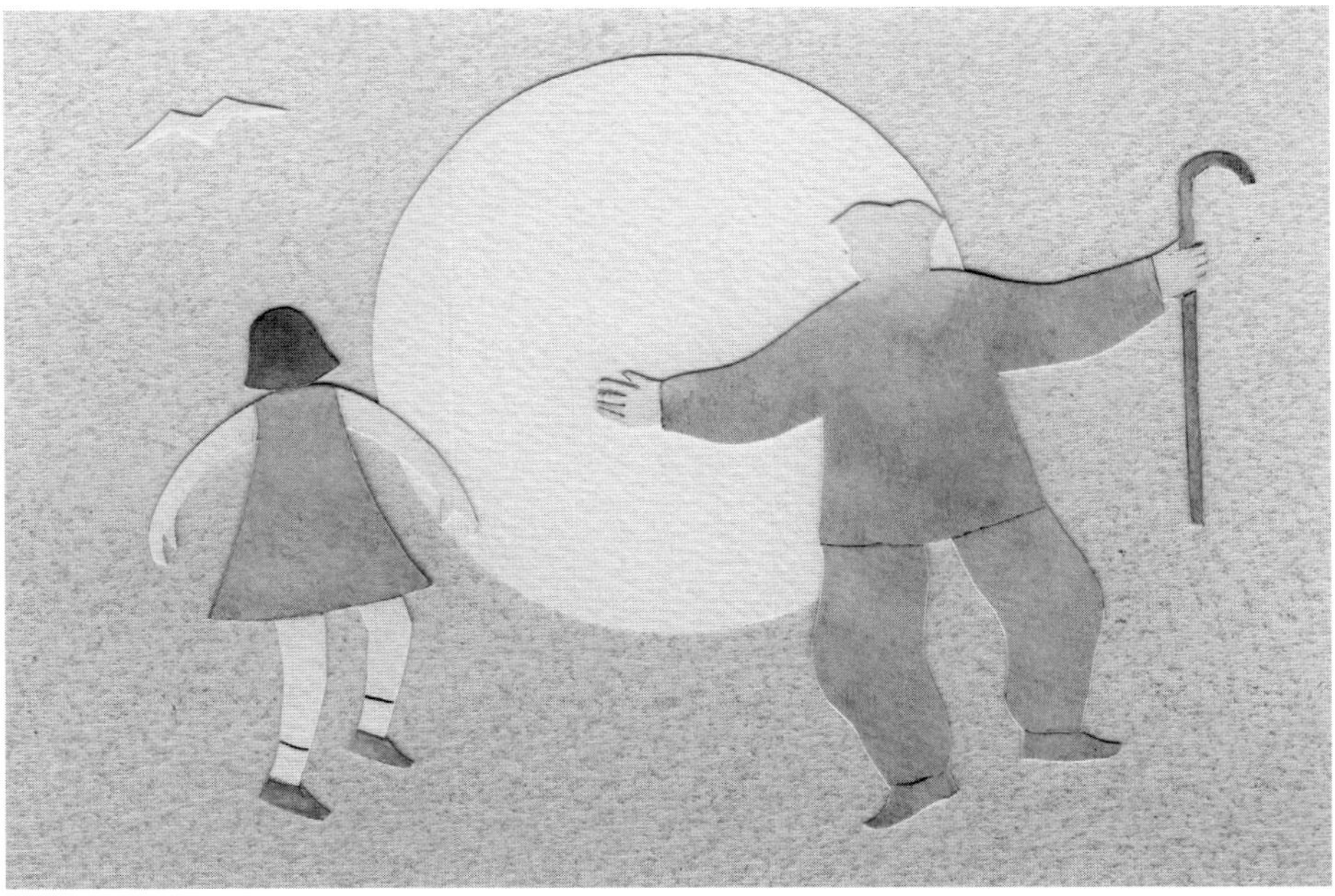

剣道《けんどう》七段《だん》だものね」また、笑った。

「わしはもう、あの家にいるのは、つくづくいやになった」ご隠居《いんきょ》さんはそういって、オムライスを食べはじめた。「愛ちゃんがいやというても、わしはついて行くぞ。おまえさんを、ほってはおけんわい」

【考えよう】

○ 自分のことしか考えないようになって、どうして平気で悪いことをするようになったのでしょうか。

○ みんなが、どうせ悪い世の中だから、悪いことをしなければ損《そん》だと思うのはどうしてでしょうか。

作者紹介／あらすじは267ページ

じょうぶな頭とかしこい体になるために

五味《ごみ》　太郎《たろう》

はじめに

大人の言うことは素直《すなお》にきいて、決められたことはきちんと守り、出された問題にうまく答え、与えられた仕事はだまってやる。決してさぼったり、ごまかしたりはしない。それが「かしこい頭とじょうぶな体」のよい子です。

言われたことの意味をたしかめ、決められたことの内容を考え、必要があれば問題をとき、自分のために楽しい仕事をさがし出し、やるときはやるし、さぼりたいときはすぐさぼる。これが「じょうぶな頭とかしこい体」を持った、これもまたよい子です。

かしこい頭とじょうぶな体を作るための訓練や方法は世の中にいやというほどありますが、頭をじょうぶにし、体をかしこくするためのものはおどろくほど不足しているようです。

この本は、頭がもっとじょうぶになるための体がもっとかしこくなるための、トレーニングです。

ここで扱《あつか》ったテーマは、現代の子どもの疑問、悩《なや》み、希望といったものを調査したいくつものデータの中から、とくに重要だとおもわれるものを50項目《こうもく》にまとめたものです。

何をしたいのか　自分でよくわからないんだ……目的に向かって進む以外ないのか？

「きちんとした目的、目標をもって生活しなさい」「その目的、目標に向かって努力しなさい」などとよく言います。よく言われます。そこで言われた人（だいたい子どもですが）は仕方がないので、学年配当漢字を全部書けるようにするとか、全国音楽コンクールに向けて練習するとか、あるいは◯◯中学校、××高等学校、△△大学に合格しようなどという、とりあえず目的、目標をかかげて生活しなくてはなりません。そのほうがキリッとした生活をしているような気になるからです。充実《じゅうじつ》した生活を送っているような感じがするからです。そしてそんな暮《く》らし方をしている子どもたちを見て、大人は一応安心するぐらい無責任です。目的、目標をかかげて努力するということが、どんな意味があって、どんな価値《かち》があることなのか、深く考えたり、自《みずか》ら実験、実践《じっせん》してみようとはしません。ただなんとなく、そのほうがいいのではないかと一般的《いっぱんてき》に思っているだけなのです。その証拠《しょうこ》には、その目的、目標の内容が少しでも一般的《いっぱんてき》ではない場合、たちまちとがめられることになります。たとえばその目的、目標が「宇宙人《うちゅうじん》と交信すること」というようなら少し一般的《いっぱんてき》ではないものになると、いくらその目標のために毎日二時間は屋根の上に登るというほどきちんとした生活態度であっても、認《みと》められたりはしません。「新しいヘアー・スタイルをあみ出す」という目標で毎日鏡に向かっている努力型の男の子を見て、両親はあまり喜びません。むしろ心配になったりします。

そして子どもというのは、おおかた心やさし

い人々なので結果として「親が安心する目的、目標に向かって努力するふりをする」「その目標、目的の中になんとか自分自身の目的、目標を見い出そうとけんめいの努力をする」というようなやや辛《つら》い生活を送らなくてはならなくなります。ふりをするのも疲《つか》れますし、目的、目標を無理に見い出そうとするのも辛《つら》いものです。

のんびり屋の少女が、あるときから急にいそがしそうなようすになっていたので、ぼくが「なんだか人が変わったみたいだね」とよけいなことを言ったらその少女が答えました。

「やるときはやるんだよ」

言葉は乱暴《らんぼう》ですがいい台詞《せりふ》だと思いました。少し尊敬《そんけい》しました。それ以外言いようはないと思えます。人間にある目的、目標が生まれるのも自然なら、それに向かって努力するのもまた自然です。その目的、目標がどんなものなのか誰《だれ》にもわかりません。当人にもよくわかりません。そしてとりあえずの目的、目標がないというのもまた自然です。その状態でいわゆる努力しないのもあたりまえです。そこのところがわかってない人が多すぎます。とくに大人にね。

それでもなおかつやっぱり目的、目標、努力だと頑張《がんば》る大人には、こんな言い方はどうでしょうか。「人間、目的、目標を持って生まれてきたんじゃないよ。はっと気がついたらいたんだよ。

食って寝《ね》て、のそのそ動きまわっているのが、もしかしたら目的、目標かもね」
なんだか少し理屈《りくつ》っぽいです。それに、説得するために努力するというのも疲《つか》れます。やはり「やるときはやるんだよ」で十分です。

どうして女らしくしなければならないか　どうして男らしくしなければならないか
……らしさとはどういうことか

「らしく」という言葉を使う人は、おおかた心配症《しょう》です。食べ物らしくない食べ物は少し不安です。木らしくない木が生えているとなんだか落ちつきません。同じように、女が女らしくなかったり、男が男らしくなかったりすると、不安で落ちつかないというわけです。

しかし、それは心配症《しょう》と同時に、無知《むち》ということから起こることが多い。なにしろこの世の中いろいろな食べ物があるものですが、そんな食べ物に出会った経験も少なく、想像力も不足している場合、知っている食べ物だけを基準《きじゅん》にして、それ以外は食べ物らしくないと思うわけです。

木にしても、ところ変われば品《しな》変わるのたとえ通り、とても木に思えないような木もたくさんあるわけで、庭の木と公園の木しか知らない人は、不安になるのも当然です。女にも男にも、それこそ食べ物や樹木《じゅもく》とは比べようもないほどいろいろな人がいるわけで、「らしく」もへちまもありません。「らしく」と言われても、どの「らしく」なのか見当もつかないというのが正解でしょう。でもそれはあくまで経験と想像力によって培《つちか》われる理解力ですから、それらが不足している人々をむげに批難《ひなん》もできません。なにしろ心配で不安なのですから。ですから「らしく」という人には少しいたわりの気持ちを持って、「そんなことばかり気にしているのは大人らしくないわよ」と軽く対応してあげましょう。

マンガばかり読んでいてはダメと言われるけれど……マンガは有害か

ふつうの大人は〝ばかり〟がきらいです。不安になります。マンガの問題ではありません。それが証拠《しょうこ》には、勉強〝ばかり〟していると、たまには外で遊びなさいと言います。森鴎外《もりおうがい》（注1）ばかり読んでいると、たまには赤川次郎（注2）なんか読んだほうがいいんじゃないなどと言います。〝ばかり〟ではダメになる、という考え方が強くあるようです。それでは片《かた》よった人間になってしまう、バランスのいい人間になれないよ、ということです。

そこで問題になるのが「バランスのとれた人間」ということの具体性です。あまりひとつのことに片《かた》よらず、一応なんでもわかっていて、一応なんでもできて、その中で得意なものもぼちぼちある。それもあくまでバランスよく、というようなことでしょうか。そういう人間に対して、たしかに他人はとくに文句を言いません。

ところが〝ばかり〟で片《かた》よっていても文句を言われないパターンがあります。かのマザー・テレサさん（注3）は人の世話ばかりやっている人です。あっちこっちで他人の世話ばかりしている人です。そしてファーブル先生（注4）は昆虫《こんちゅう》ばかり追っかけていた人です。虫のいるところへ引っ越《こ》してしまうほど〝ばかり〟の人です。それなのに、人はテレサさんにもファーブルさんにも文句を言いません。あんなにバランスの悪い人々なのに。

それはなぜかといえば、彼《かれ》らのばかりに迫力《はくりょく》があるからです。人が口をはさめぬほどの筋金《すじがね》入りのばかりだからです。

マンガばかり読んではダメよ、などと親から言われてしまう人は、その読み方に迫力《はくりょく》がないからです。ばかりのレベルが低いのです。あるいは迫力《はくりょく》のばかりになるほどのマンガに出会ってないのかもしれません。問題はそちらのほうです。

（注1）森鴎外＝小説家。一八六二年、日本に生まれる。陸軍省医務局長を務めたのち文学活動を行う。著書《ちょしょ》に「舞姫《まいひめ》」「高瀬舟《たかせぶね》」「山椒大夫《さんしょうだゆう》」などがある。

（注2）赤川次郎＝小説家　一九四八年、日本に生まれる。著書《ちょしょ》に「三毛猫《ねこ》ホームズ」シリーズ、「セーラー服と機関銃《じゅう》」「吸血鬼《きゅうけつき》が祈《いの》った日」などがある。

（注3）マザー・テレサ＝シスター。一九一九年、ユーゴスラビア生まれのアルバニア人。一八歳からインド・カルカッタの聖母《せいぼ》修道会で貧しい人を救う活動をしている。一九七九年、ノーベル平和賞受賞。

（注4）アンリ・ファーブル＝昆虫《こんちゅう》学者。一八二三年、フランスに生まれる。昆虫《こんちゅう》研究を一生の仕事にすることに決め、あらゆる昆虫《こんちゅう》の観察に没頭《ぼっとう》した人。

【考えよう】

○　作者は、じょうぶな頭とかしこい体になるために、どういう人を応援《おうえん》しようとしているのでしょうか。

○　どうして大人は、一般的《いっぱんてき》な目標でなければ安心できないのでしょうか。

作者紹介／解説は267ページ

袋《ふくろ》には入れないで！

アース・ワークスグループ

クイズ● 買い物をするときにどんな袋《ふくろ》を使うのが一番いいか？

①ビニール袋《ぶくろ》　②布《ぬの》の袋《ふくろ》　③紙袋《ぶくろ》

買い物にいくと、どんなものでもかならず袋《ふくろ》に入れてくれるけど、何かヘンだな、と思ったことある？　あめ玉ひとつとか、ポテトチップスひと袋《ふくろ》とかしか買わなくても、袋《ふくろ》に入れてくれる。袋《ふくろ》に入ったものをまた袋《ふくろ》に入れる。これって、すごくおかしいよ！

だけど、そういうことって、しょっちゅうあるよね。袋《ふくろ》なんて、どうせあとで捨《す》てちゃうのに。すごいむだ！　袋《ふくろ》だって地球の大切な宝物で作られている。紙袋《ぶくろ》は木から、ビニール袋《ぶくろ》は石油から作るんだから。どっちの袋《ふくろ》を作るときにも、地球はうんと汚染《おせん》される。だけど、きみにもできることはちゃんとある。いらない袋《ふくろ》は「いらない」っていえばいいんだ。

知ってるかな

・アメリカで出てくる『木を救え』という本によれば、樹齢《じゅれい》（木の年齢）十五年の木一本からできる紙袋《ぶくろ》の数は、たったの七〇〇枚くらい。

・大きなスーパーマーケットでは、お客さんの買い物用に、それを一時間もしないうちに使ってしまう。

・この地球上には、もう紙袋《ぶくろ》を作るだけの森が残されていないところもある。そういうところの人たちは、買ったものを運ぶのにほ

かのものを使っている。たとえば小さなカートに乗せて運んだり、うちから持ってきた布《ぬの》の袋《ふくろ》に入れたり。

きみにできること

・こんど小さいものを買いにいくときは、店員さんに「袋《ふくろ》はいりません」といってごらん。ていねいに「袋《ふくろ》はいりません。袋《ふくろ》より木のほうが大事なんです」といえばいいんだ。

・きみがうっかりしているうちに店員さんが品物を袋《ふくろ》に入れてしまったり、「袋《ふくろ》はいりません」というのをわすれたりしたときには、勇気を出してその袋《ふくろ》を返して、「すみません、この袋《ふくろ》いりません」といえばいい。もしかしたら、店員さんがヘンな顔してきみのことを見るかもしれない。でもきっと、きみは正しいことをしているという気がするはずだ。

・買い物にいくときに、うちから袋《ふくろ》を持っていくっていうのはカッコイイことなんだよ。前に買い物したときにもらった紙袋《ぶくろ》やビニール袋《ぶくろ》を持っていこう。布《ぬの》の袋《ふくろ》やバックパックを持っていくのもいい。店員さんが「袋《ふくろ》はいりますか」といったら、「いいえ、持ってきました。地球を救わなきゃならないからね」といってみよう。

たしかめよう

スーパーマーケットに行ったら、お店を出ていく人をようく観察しよう。その人たちが持っている袋《ふくろ》を数えて、国じゅうの人が毎日それだけの袋《ふくろ》を持ってスーパーマーケットを出ていくところを想像してごらん。たった一日で、食料品を運ぶために、いったいどれだけの木が切りたおされたり、石油が使われたりしているかを考えてみてほしい。

クイズの答え

● ②　布《ぬの》の袋《ふくろ》

布《ぬの》が一番。何度でも使える。

【考えよう】

○　どうして、布《ぬの》の袋《ふくろ》は地球にやさしいと言えるのでしょうか。

○　この本が出版されたのは、一九九〇年です。それから、三〇年近くが経過《けいか》した現在では、地球にやさしい活動は増《ふ》えているでしょうか。どんな活動があるか紹介しましょう。

作者紹介／解説は268ページ

レ・ミゼラブル ―ああ無情

ビクトル・ユーゴー
塚原《つかはら》　亮一《りょういち》　訳

ジャベール警部《けいぶ》がたずねてきた日の午後、市長は、いつものように、ファンティーヌを病院に見舞《みま》った。その日にかぎって、市長は、つきそいの修道女《しゅうどうじょ》を病室のすみに呼《よ》んで、ファンティーヌのことを、いろいろとたのんだ。あとになって、修道女《しゅうどうじょ》は、その日の市長の声が、いつもとちがっていたことを思い出したという。

ファンティーヌは熱が高かった。市長は、いつもより三十分も長くベッドのそばにいた。それから役所にもどった市長は、いつもとちがって暗い顔で、ふさぎこんでいた。夜になっても、へやにとじこもって、フランスの道路地図を熱心に調べた。

読者は、すでに、マドレーヌ市長がジャン・バルジャンであることを見ぬいたことだろう。プチ・ジェルベのことがあってから、町から町へとフランス各地をさまよったジャン・バルジャンは、そのとちゅうで司祭《しさい》から贈《おく》られた銀の食器を売ってしまったが、燭台《しょくだい》だけは残しておいた。そして、モントルイユにきて、発明に成功し、平和な、めぐまれた日を送るようになった。

むかしの、みじめなジャン・バルジャンは、マドレーヌと名まえを変えて生まれかわったのである。もう、むかしのことは考えたくなかった。そこへ、他人が自分とまちがえられて逮捕《たいほ》されたというのだ。

マドレーヌは、一晩《ひとばん》じゅう思いなやんだ。

(わたしの代わりに、無実の男が罪人《ざいにん》とされようとしている。見すてておけない。)

という思いにかられる一方で、

(その男が罪人《ざいにん》となろうと、わたしとはかかわりがない。それに、その男が牢《ろう》に入ればジャベールは、もうわたしをつけねらうこともなくなるから、わたしは救われる。わたしには、市長として、みんなのしあわせのためにつくす義務《ぎむ》があるのだ。)

という考えがうかぶ。

(だが、一人の老人の無実を救えないわたしが、どうして、みんなのためにつくせるだろうか。)

とも思う。が、すぐにジャン・バルジャンだと名乗りでたあとの、みじめな姿《すがた》がうかんだ。市長として、人からうやまれてきた自分が、重いくさりを引きずって、看守《かんしゅ》にどなられながら、これからの生涯《しょうがい》を牢《ろう》の中で暮《く》らすのだ。しかも、こんなに年をとってから。

そのとき、ミリエル司教《しきょう》の姿《すがた》がうかんだ。司教《しきょう》は、こういっているようだ。

「ジャンよ、良心に恥《は》じないふるまいをしなさい。」

そうだ。人間としての義務《ぎむ》をはたそう！

マドレーヌは決心した。だが、すぐに心がみだれた。

（わたしが牢《ろう》に入ったら、かわいそうなファンティーヌ親子はどうなるだろう。）

マドレーヌは、なやみつづけ、つかれきって、いすにもたれたままねむってしまった。暖炉《だんろ》の火は消えかかっていた。

つぎの朝、まだ暗いうちに、小さい馬車が一台、モントルイユの町を出て、アラースへの街道《かいどう》を走っていった。御者台《ぎょしゃだい》ではマドレーヌが馬にむちをあてていた。

（とにかく、裁判《さいばん》のようすを自分の目で見てから名乗りでるかどうかを、きめよう。）

と思ったのだ。うす暗い平野の道を、馬車は、一時間に十キロの速さで進んだ。長い道のりだが、正午にはアラースへ着くだろう。

とちゅうで、馬車の車輪がこわれた。代わりの馬車を手に入れるのにてまどったうえ、道も悪く、思うように進まなかった。そのため、アラースの町へ着いたときには、もう、日が暮《く》れていた。

裁判所《さいばんしょ》が改築中《かいちくちゅう》のために、裁判《さいばん》は県庁《けんちょう》の広間でひらかれていた。マドレーヌが到着《とうちゃく》したとき、ほかの事件《じけん》の裁判《さいばん》が終わり、シャン・マティユウの裁判《さいばん》がはじまったところだった。傍聴席《ぼうちょうせき》《許可《きょか》をうけて、会議や裁判《さいばん》のようすを聴《き》く席》は満員だったが、守衛《しゅえい》に市長の名刺《めいし》を出すと、役人のための特別席《とくべつせき》に案内された。

広間は、うす暗く、だれ一人マドレーヌのほうを見なかった。裁判長席《さいばんちょうせき》から見て、左のほうのかべぎわに、二人の憲兵《けんぺい》にはさまれて、一人の男がいすにかけていた。それが、シャン・マティユウだった。

マドレーヌは、その老人を見て、ぞっとした。さか立った髪《かみ》の毛、あらあらしい目つき、体つきなど、刑務所《けいむしょ》を出てきたときの自分に、そっくりだった。ちょうど、弁護士《べんごし》の弁論《べんろん》が終わったところだった。シャン・マティユウが、たとえジャン・バルジャンであるとしても、りんごをぬすんだ証拠《しょうこ》はないという弁論《べんろん》だった。検事《けんじ》《罪《つみ》を調べて証拠《しょうこ》を集め、裁判《さいばん》にかける行政官。検察官《けんさつかん》》が立ちあがった。

検事《けんじ》は、シャン・マティユウがジャン・バルジャンであることを、いろいろと証拠《しょうこ》をあげて説明した。ジャン・バルジャンという男が、いかに悪人であるかということも、長々と述べたてた。そして終身刑《しゅうしんけい》《一生の間、牢獄《ろうごく》にとどめておく刑《けい》。無期懲役《むきちょうえき》》を求刑《きゅうけい》した。

検事《けんじ》が席に着くと、裁判長《さいばんちょう》は被告《ひこく》を立たせて、いった。

「なにか、いいたいことがあるかね。」

老人は、きたない帽子《ぼうし》をにぎったまま、ぼんやりしていたが、もう一度、裁判長《さいばんちょう》にことばをかけられて、きゅうにしゃべりだした。

「りんごの実のついている枝《えだ》が地面に落ちていた。わしは、そいつをひろっただけのことだ。それなのに三か月も牢《ろう》にぶちこまれた。まったくわけがわからねえ。ジャン・バルジャンなんて、おれは知らねえ。おれは車大工《くるまだいく》のシャン・マティユウだ。だんながたは、なぜ、みんなで、おれをいじめるだ。」

シャン・マティユウは、自分の身の上話をはじめて、しまいには泣き声になった。

つぎに四人の証人《しょうにん》が呼《よ》びだされた。そのうちの一人、ジャベール警部《けいぶ》は、この老人は、ジャン・バルジャンにまちがいないと証言《しょうげん》して、すでに法廷《ほうてい》を去ったあとだった。

そこで、ツーロンの刑務所《けいむしょ》からつれてきた三人の囚人《しゅうじん》が証言《しょうげん》に立った。

はじめの一人、ブルベーが裁判長《さいばんちょう》に答えた。

「こいつは、ジャン・バルジャンにちがいねえです。まぬけた顔をしているのは、老《お》いぼれたせいでしょう。」

つぎの囚人《しゅうじん》は、老人を見て、こういった。

「おい、じいさん、ひさしぶりだな。しらばっくれるな。おまえとは、五年もいっしょに暮《く》らしたんだぜ。おまえの顔をわすれるもんか。」

三番目の囚人《しゅうじん》もいった。

「たしかに、ジャン・バルジャンだ。おそろしく力が強いんで、ジャッキのジャンとあだ名がついたやつだ。」

もう、だれの目にも、この老人がジャン・バルジャンであることは、たしかなことに思われた。

そのとき、判事席《はんじせき》のうしろで声があがった。

「ブルベー、シュニルディユ、コシュバイユ、三人とも、このわたしを見ろ。」

そういって、特別席《とくべつせき》からおりて、ホールのまん中に進んだ人を見て、裁判長《さいばんちょう》はじめ、みんなは、あっ、とさけんだ。

「マドレーヌ市長だ!」

たしかに、マドレーヌ市長だった。灰色《はいいろ》の髪《かみ》の毛は、心の苦しみのために、わずかの間に、まっ白くなっていた。

「どうだ。おまえたち、わたしの顔に見おぼえがあるだろう。」

市長のことばにも、三人は、あっけにとられて首を横にふるだけだった。マドレーヌ市長は、裁判官《さいばんかん》と陪審員《ばいしんいん》《裁判官《さいばんかん》のほかに国民から選

ばれて裁判《さいばん》にくわわる人》のほうをむいて、おだやかな声でいった。

「この被告《ひこく》を放免《ほうめん》してやってください。裁判長《さいばんちょう》、代わりに、わたしを逮捕《たいほ》してください。わたしがジャン・バルジャンです。」

法廷《ほうてい》のみんなは、あまりのことに息をのんだ。裁判長《さいばんちょう》も検事《けんじ》も、市長の頭がおかしくなったと思った。

【考えよう】

○ 検事《けんじ》も四人の証人《しょうにん》も、シャン・マティユウ老人のことをジャン・バルジャンにまちがいないと証言《しょうげん》しました。それはなぜだと思いますか。

○ 自分がジャン・バルジャンだと裁判長に告げたマドレーヌ市長の心の中はどうなっているのでしょうか。

作者紹介／あらすじは269ページ

何が正しいのか

TOKYO FM「ジブラルタ生命」番組チーム

「ああ、木下くん、ちょっと時間あるか？　昼でもどうだ？」

ああ、部長にランチ、誘《さそ》われてしまった。

これはお叱《しか》りを受けるに違《ちが》いない。まず、そう思った。

「今日は弁当？」

「あ、いいえ、大丈夫《だいじょうぶ》です」

「じゃあ、一階ロビーに一〇分後」

「はい。ありがとうございます」

急いでお化粧《けしょう》だけ直す。

混んだエレベーターを降《お》りながら、ゆううつになっていく。

叱《しか》られる……身に覚え、確《たし》かにある。

それはさっきの会議だった。

新しい冷凍《れいとう》食品の商品開発会議。机上《きじょう》で戦わされている議論は、価格についてだった。

ライバルB社、C社にいかに対抗《たいこう》できるか。

営業販促部《はんそくぶ》の課長、片桐《かたぎり》さんと、我《わ》が商品開発本部の課長、山根《やまね》さん。

二人は同期であり、何かと出世を張り合っていた。

議論の白熱ぶりが加速する。

「だから、もっとコストをカットすれば、勝てるんじゃないのかな？」

と片桐《かたぎり》さんが甲高《かんだか》い声で言えば、

「コストもそうだけど、見栄《みば》えというか、量があるように見せるほうが先かと……」

と山根《やまね》さんが冷静に切り返す。

私は駆《か》け出しのＯＬ然《オーエルぜん》として、みんなに飲み物を配ったり、資料をコピーしたり、なんとなく客観的に会議を眺《なが》めていた。

突然《とつぜん》、我《わ》が部の部長が「木下くんはどう思う？」とふってきた。むちゃぶりに焦《あせ》る。

「はい……」とりあえず起立。

「木下くんは、この案件について、どう思った？　片桐《かたぎり》くん、山根《やまね》くん、双方《そうほう》の意見について何かありますか？」

部長にもう一度聞かれ、私はとっさにこう答えた。

「問題は、誰《だれ》が正しいかではなく、何が正しいかだと、思います」

言ってから、あちゃあ、しまったぁ～と後悔《こうかい》した。

会議室がざわつく。でももう引っ込《こ》みはつかない。

「それは、どういうことですか？」部長がたずねるので、

「はい、あの……いちばん大切な消費者の論理《ろんり》が抜《ぬ》けているような……。価格を抑《おさ》えるのは、買ってくださる人のためであるべきで、B社、C社に勝つためではないのでは…ないかと…その」

最後が腰砕《こしくだ》けになるのが情けない。

「その……あの……」

いわゆる水をさすということはこういうのを言うんだろう。

論議《ろんぎ》は沈静《ちんせい》し、議題は別件に移った。

ロビーに現れた部長に笑《え》みはなく、スタスタと会社を出た。無言のまま、部長について歩く。

彼は路地を曲がり、一軒の鰻屋《うなぎや》さんに入った。

予約していたのか。奥《おく》の個室に通される。

「いつも、こんな高いもん、食べてるわけじゃないぞ」

「あ、はい」

おしぼりで手を拭《ふ》いたあと、部長は私を見てニッコリ笑ってこう言った。

「いやあ、今日の会議は痛快《つうかい》だった」

「え？」

「よく言った、木下。立派《りっぱ》だった」

まさかほめられるとは……。

「誰《だれ》が正しいかではない、何が正しいか、だ。いい言葉だ」

しみじみ部長が言うので、

「あ、それ、高校のときの担任の先生に言われた言葉なんです」

と私は答えた。

「当時私は、あの人が言ったから、あの人に言われたからって結局、言い訳《わけ》ばかりしていて、先生に叱《しか》られたんです。自分自身で判断しなきゃダメだって」

鰻重《うなじゅう》が来た。つやつやの身に山椒《さんしょう》をふりかける。

ふんわりした鰻《うなぎ》に箸《はし》をいれた瞬間《しゅんかん》、

「いい先生だったんだな。木下くんは幸せもんだ」

「あ、はあ。ありがとうございます」

「でも、あとが腰砕《こしくだ》けじゃ、しょうがない。せっかくの先生の言葉が泣くぞ!」

結局、怒《おこ》られた。

でも、部長の目は優《やさ》しかった。

「確《たし》かになあ、何が正しいか、忘れちゃいかんなあ」

部長は、鰻《うなぎ》と一緒《いっしょ》に言葉を飲み込《こ》んだ。

心の中で、「先生、ありがとう」と私は思った。


【考えよう】

○ 昼飯に鰻重《うなじゅう》をごちそうしてくれた部長は、私の会議での発言のどこを評価してくれたのでしょうか。

○ 私は、心の中で何を先生に感謝《かんしゃ》したと思いますか。

作者紹介/解説は270ページ

作者紹介／あらすじ・解説

＝生きる（8ページ）＝

谷川俊太郎（たにがわ しゅんたろう）

一九三一（昭和六）年、東京に生まれる。高校卒業後、詩人としてデビュー。一九五二年に第一詩集『二十億光年の孤独《こどく》』を刊行。以後、詩、絵本、翻訳《ほんやく》など幅広く活躍《かつやく》し、多くの賞を受賞している。絵本に『ことばあそびうた』『マザー・グースのうた』『これはのみのぴこ』など多数ある。

出典　サンリオ出版部『詩集　うつむく青年』一九八九年発行

解説

この詩集には、谷川俊太郎の代表作「生きる」のほか、「聞こえるか」「海」「後悔《こうかい》」など心にひびく詩が載《の》っています。詩の言葉だけではなく、本の装丁《そうてい》といい、全体のデザインもすばらしい本です。

＝きっと明日は（12ページ）＝

江崎雪子（えざき ゆきこ）

一九五〇（昭和二五）年、静岡市に生まれる。少女時代から、詩や短編小説の創作《そうさく》を手がける。日本女子大学英文学科に進学、本格的に文学の勉強を始める。大学四年生の時に病に倒《たお》れる。以後、重症筋無力症《じゅうしょうきんむりょくしょう》の闘病《とうびょう》生活を続け、二〇〇五年に死去。『こねこムーのおくりもの』で日本児童文芸家協会新人賞を受賞。

出典　ポプラ社『きっと明日は』一九八九年発行

あらすじ

作者江崎雪子さんの二十年間にわたる闘病《とうびょう》生活について綴《つづ》ったノンフィクションです。静岡市で育った元気のよい女子中学生は、高等学校から日本女子大学付属《ふぞく》高校へ進学。大学も同英文科に進学しました。当時から文芸の世界に関心の高い生き方でしたが、大学四年生の時に重症筋無力症《じゅうしょうきんむりょくしょう》と診断《しんだん》を受け、闘病《とうびょう》生活が始まります。闘病期間に思い悩《なや》み、家族や医師・看護師《かんごし》と共に歩んできた姿《すがた》をありのままに描《えが》いた作品となっています。けっしてあきらめず、前を向いて生きていこうとする姿《すがた》に、読む者みなが心を打たれる作品です。

＝せかいいち うつくしい ぼくの村（17ページ）＝

小林　豊（こばやし ゆたか）

一九四六（昭和二一）年、東京都深川《ふかがわ》に生まれる。立教大学社会学部卒業。イギリス留学《りゅうがく》中に画家を志《こころざ》す。一九七九（昭和五四）年、日展初出品で入選。一九七〇年代初めから八〇年代初めにかけて、中東・アジアをたびたび訪《おとず》れる。そのときの体験が、作品制作《せいさく》の大きなテーマとなっている。『せかいいち うつくしい ぼくの村』は一九九五（平成七）年の作品。ほかに『ぼくの村に サーカスがきた』（一九九六年）『せかいいち うつくしい村へ かえる』（二〇〇三年）などがある。

出典　ポプラ社『せかいいち　うつくしい　ぼくの村』一九九五年発行

解説

この絵本の作者、小林豊氏が《もっとパグマン村のことを知りたい人へ》という次のような文章を書いておられます。

「戦争がはじまって十年めの夏、わたしはアフガニスタンを旅しました。

旅のとちゅう、わたしは小さな村にたちよりました。戦争のなかでも、ひとびとは明るく、力強く生きていました。そして、旅人のわたしを、あたたかくむかえてくれました。

パグマン村とは、そのときわたしがたずねた村がモデルです。その村で、わたしは、ヤモのような小さい子どもたち、おとうさんのような誠実《せいじつ》な人たちと知りあい、友だちになりました。けれども村は、そのち、パグマン村とおなじように爆撃《ばくげき》をうけ、破壊《はかい》されました。なつかしいひとびとが、いまどこにいるのかはわかりません。

アフガニスタンにはこのような村が、ほかにも数多くあります。

アフガニスタンの内戦が一日もはやくおわって、すべての村に、むかしのような平和がおとずれてほしい。外国へ避難《ひなん》したひとびともかえってくるだろう。そうしたら、もういちどみんなと、せかいいち美しい村であいたい、そうねがっています。」

なお、小林豊氏の『せかいいち うつくしい村へ かえる』（二〇〇三年）という作品には、ヤモの友だちの笛吹《ふえふ》きの少年ミラドーが見た、その後のパグマン村とヤモのようすが描《えが》かれています。

＝あくびイヌ（26ページ）＝

東　君平（ひがしくんぺい）

一九四〇（昭和一五）年、神戸に生まれる。二二歳の時、『漫画読本《まんが》』（文芸春秋）でデビュー。六か月のニューヨーク生活を経て、絵本や童話などの創作活動に入る。毎日新聞の「おはようどうわ」や、「詩とメルヘン」の「くんぺい魔法《まほう》ばなし」の連載《れんさい》は、どちらも長期にわたり、数多くの人に愛読されることとなった。

出典　（株）サンリオ『おはようどうわ②　ペパーミントのかぜ』一九九二年発行

解説

一九七四年五月二五日から、七五年十月四日まで、毎日新聞に毎週土曜日に掲載された短編童話を一冊の本にしたものです。本教材は、その中からの一編です。全編にわたり、動物が中心的な登場人物となっています。ただし、動物が中心とはいえ、その童話は寓話《ぐうわ》的なストーリーではなく、現実の世界をしっかりと観察しなければ見えてこない人間の生き方・あり方の一端《いったん》が垣間《かいま》見られる話となっています。今回の童話「あくびイヌ」は、しっかり見張りをしていなければ何の役にもたたないと言われている犬が、自立しようと悩《なや》んでいる姿《すがた》をコミカルに描《えが》いている作品です。

＝きみが選んだ死刑のスイッチ（29ページ）＝

森　達也（もり たつや）

一九五六（昭和三一）年、広島に生まれる。テレビディレクター、映画監督、作家。一九九八年にドキュメンタリー映画『A』を発表。二〇〇一年、続編の『A2』が山形国際ドキュメンタリー映画祭で特別賞・市民賞を受賞。著書《ちょしょ》に『池袋シネマ青春譜《ふ》』『ドキュメンタリーは嘘《うそ》をつく』など多数ある。

出典　イースト・プレス『きみが選んだ死刑のスイッチ』二〇一一年発行

解説

私たちが属する社会には、安全で平等で豊かな生活をできるだけ多くの人が送ることができるようにと、ルールが決まっています。「犯《おか》してはならない罪《つみ》」と、これに「対応する罰《ばつ》の程度」も長い歴史のなかで培《つちか》われてきたものです。同じルール違反《いはん》をしたなら、その罰《ばつ》の重さが違《ちが》わないように、いつでも誰《だれ》にとっても公平であるようにという願いがこめられたルールです。でも、起きた事象《じしょう》の真実を問い、罰《ばつ》を決める人は、常に真実を見つけられるのでしょうか。

＝ユタとふしぎな仲間たち（37ページ）＝

三浦哲郎（みうら てつお）

一九三一（昭和六）年、青森県八戸《はちのへ》に生まれる。早稲田《わせだ》大学を中退して八戸《はちのへ》市で中学教師になる。一九五三（昭和二八）年、早稲田《わせだ》大学に再入学。『忍《しの》ぶ川』（一九六〇年）で芥川《あくたがわ》賞受賞。『ユタとふしぎな仲間たち』は

一九七一（昭和四六）年の作品。二〇一〇（平成二二）年死去。

出典　講談社青い鳥文庫『ユタとふしぎな仲間たち』二〇〇六年発行

解説

父を事故でなくし、東京から東北の山あいの分教場《ぶんきょうじょう》に転校してきた勇太《ユタ》は、いつも一人ぼっちでした。ユタは、満月の夜にふしぎな力を持つ九人の座敷《ざしき》わらしたちと出会い、友だちになっていきます。

この世に生きたくても生きられなかった、わらしたちとのふれあいを通して、勇気あるたくましい少年に成長していくユタの姿《すがた》を描《えが》いた作品です。

＝明日に向かってペダルを踏んだ（45ページ）＝

坂本　九（さかもと きゅう）

一九四一（昭和一六）年、神奈川県に生まれる。ロカビリー歌手としてデビューし、テレビ、舞台《ぶたい》に大活躍《だいかつやく》。一九六一（昭和三六）年の『上を向いて歩こう』は大ヒットして、海外においても『スキヤキ』のタイトルで日本ポップスの最大のヒットとなった。また、ドラマや司会など多方面に活躍した。一方で、ライフワークとして福祉《ふくし》活動にも取り組み、札幌テレビ放送の「ふれあい広場・サンデー九」は障がい者の社会参画《さんかく》を考える番組として長寿《ちょうじゅ》を誇《ほこ》った。一九八五（昭和六〇）年八月一二日、史上最大の航空機事故によって帰らぬ人となる。

出典　日本図書センター『坂本　九　上を向いて歩こう』二〇〇一年発行

解説

坂本九が、昭和六〇年八月一二日に群馬《ぐんま》県の御巣鷹山《おすたかやま》での航空機事故で帰らぬ人となるまでに、本人がペンを執《と》った文章を中心に構成し、誕生《たんじょう》から亡《な》くなるまでの生きた道がわかるように文章の前後に補筆《ほひつ》をした作品です。本文は、その生涯《しょうがい》の中でも、彼のライフワークとなっていた福祉《ふくし》活動の一端《いったん》を紹介《しょうかい》したものです。彼自身テレビ番組の中で、その生い立ちが貧しく不幸だったこともあり、障がいのある人びとの社会参画《さんかく》や福祉《ふくし》活動に対して理解を深め、テレビ番組では福祉《ふくし》をテーマとした看板《かんばん》番組を長年にわたりプロデュースしてきました。何かの役に立ちたいと願い、障がい者を長年応援《おうえん》してきた素顔の見えるストーリーです。

＝よだかの星（49ページ）＝

宮沢賢治（みやざわ けんじ）

一八九六年（明治二九）年、岩手県に生まれる。詩人・童話作家。花巻《はなまき》で農業指導者として活躍《かつやく》のかたわら創作《そうさく》。自然と農業生活で育まれた独特の宇宙《うちゅう》的感覚や宗教的心情にみちた詩と童話を残した。童話『銀河《ぎんが》鉄道の夜』『風の又三郎《またさぶろう》』『注文の多い料理店』など作品多数。一九三三（昭和八）年死去。

出典　偕成社『よだかの星』一九八七年発行

あらすじ

よだかは、実《じつ》にみにくい鳥でした。ほかの鳥からはきらわれ、さげすまれていました。とうとう名前の似《に》ている鷹《たか》から、名前を変えろとおどされてしまいます。
でも、そんな自分も、平気で羽虫《はむし》を食べて生きていることに気づき、つらく、はかないこの世から消えるかくごをします。
よだかは、空をのぼってのぼって……、ついに青白く燃える星となるのでした……。

＝くちぶえ番長（54ページ）＝

重松　清（しげまつ　きよし）

一九六三（昭和三八）年、岡山県に生まれる。出版社勤務《きんむ》を経《へ》て執筆《しっぴつ》活動に入る。『ナイフ』で坪田譲治《つぼたじょうじ》文学賞、『エイジ』で山本周五郎賞を受賞。『ビタミンF』で直木《なおき》賞、『十字架《じゅうじか》』で吉川英治文学賞、『ゼツメツ少年』で毎日出版文化賞を受賞。現代の家族を描くことを大きなテーマとし、話題作を次々に発表している。

出典　新潮社『くちぶえ番長』二〇〇七年発行

あらすじ

小学四年生のツヨシのクラスに、一輪車と、くちぶえの上手な女の子、マコトがやってきました。転校早々「わたし、この学校の番長になる！」と宣言したマコトに、みんなはびっくり。でも、小さいころにお父さんを亡《な》くしたマコトは、誰《だれ》よりも強く、優《やさ》しく、友だち思いで、頼《たよ》りになる人でした。サイコーの相棒《あいぼう》になったマコトとツヨシが駆《か》けぬけた一年間の、決して忘《わす》れられない友情物語です。

＝ブンナよ、木からおりてこい（59ページ）＝

水上　勉（みなかみつとむ）

一九一九（大正八）年、福井に生まれる。立命館《りつめいかん》大学文学部中退。『ブンナよ、木からおりてこい』は〈青年座〉で劇化《げきか》され、芸術祭優秀賞をはじめ数々の賞を受賞している。一九六一年『雁《がん》の寺』で直木賞受賞。ほかに、『良寛《りょうかん》』『金閣炎上《きんかくえんじょう》』『土を食う日々』『父と子』など多数の作品がある。二〇〇四（平成一六）年死去。

出典　新潮文庫『ブンナよ、木からおりてこい』一九八一年発行

あらすじ

トノサマがえるのブンナは、大の冒険好き。それが高《こう》じて、高い椎《しい》の木のてっぺんに登ってみます。するとそこは、雀《すずめ》や百舌《もず》、鼠《ねずみ》やへびなどさまざまな生き物が、鳶《とび》によって連れてこられた地面でした。ブンナはその地面に穴《あな》をほり、地中に隠《かく》れて、これから鳶《とび》に食べられてしまうであろう生き物たちの生きる姿《すがた》を眺《なが》めることになります。生き物のおそろしさやみにくさ、生きる物はすべて死んでいく無常の世界。ブンナはついに鼠《ねずみ》の亡骸《なきがら》から出てきた虫を食べて、冬眠《とうみん》をすることができました。翌春、ブンナは高い椎《しい》の木から元気でたくましくなっておりてきます。

＝甲子園球場へ行こう（66ページ）＝

神林照道（かんばやしてるみち）

一九三六（昭和一一）年、新潟《にいがた》県柏崎《かしわざき》市に生まれる。新潟《にいがた》大学教育学部付属の小学校教諭を経て、一九七七年

に上京し、私立の小学校教諭、教頭、校長を務め、二〇〇七年に退職。全国大学国語教育学会会員・日本国語教育学会会員・日本現場国語研究会主宰・社会科の初志の会会員。

出典　今人舎『甲子園球場へ行こう』二〇一一年発行

解説

テレビでも全試合が中継《ちゅうけい》されている夏の甲子園《こうしえん》大会を、筆者は毎年スタンドで観戦しています。一九九七年から連続してのことです。甲子園《こうしえん》大会には、多くの感動と感激《かんげき》が溢《あふ》れていると言います。絶体絶命のピンチの時の各選手の動き、その時のベンチのようすや、エラーをしてもどる選手とかかわる仲間のようすなどはテレビ画面では見ることができませんが、そうした場面から、筆者はたくさんのことを学ぶことができると言っています。

＝じっちゃ先生とふたつの花（75ページ）＝

本田有明（ほんだ ありあけ）

一九五二（昭和二七）年、兵庫県に生まれる。慶應義塾《けいおうぎじゅく》大学卒業。本田コンサルタント事務所代表。著書《ちょしょ》に『願いがかなうふしぎな日記』『水辺の楽校の所くん』『ぼくのたちのサマー』『卒業の歌』『歌え！多摩川高校合唱部』などがある。

出典　PHP研究所『じっちゃ先生とふたつの花』二〇〇八年発行

あらすじ

夏休み、健太《けんた》はボール投げをしていて、窓《まど》ガラスを割ってしまいます。それが縁《えん》で、昔先生をしていたおじいさん「じっちゃ先生」と仲良くなります。健太《けんた》が窓《まど》ガラスのべんしょうとして渡《わた》した百円をもらったじっちゃ先生は、しおれかかった五十円の花を二つ買ってきます。しあわせの花1号・2号と名づけられた花。いじめっ子にも負けず、しあわせの花の命も、じっちゃ先生の命も、けんめいに守っていくなかで、健太《けんた》は心の花をさかせていきます……。

＝いまを 生きる あなたへ 贈る詩50（83ページ）＝

二瓶弘行（にへい ひろゆき）（編）

一九五七（昭和三二）年、新潟《にいがた》県に生まれる。早稲田《わせだ》大学第一文学部卒業。新潟《にいがた》県の公立小学校に勤務後、筑波《つくば》大学付属小学校教諭《きょうゆ》。著書《ちょしょ》に『新しい発展学習の展開 国語』『はじめてのこくごシリーズ』『文学読書単元「太陽の子」』など多数ある。

出典 東洋館出版社『いまを 生きる あなたへ 贈る詩50』二〇〇七年発行

解説

長年、小学校教育に携《たずさ》わる編者《へんじゃ》による、心をはげます詩50編が収録されています。「たった一つの言葉が、人の心を傷《きず》つける たった一つの言葉が、人の心を温《あたた》める」50編の詩を通して、人のつながりの中に生きる言葉の力が心に染《し》み入ってくることでしょう。

＝〝握りの勇気〟も大切なサービスなんだ（97ページ）＝

香取貴信（かとり たかのぶ）

一九七一（昭和四六）年、東京に生まれる。もとはヤンキー少年だったが、高校一年生の時にディズニーランドでアルバイトを始め、日々の体験のなかで「仕事」「教育」「サービス」の本当の意味をつかみ始める。一九九五年、レジャー施設《しせつ》などの現場運営コンサルティングを行う企業《きぎょう》に入社。ディズニーランドでの知識と経験を生かして各地のテーマパークで活動。二〇〇四年に独立。（有）香取感動マネジメントを設立。「感動」をキーワードに活躍《かつやく》の場を広げている。

出典　こう書房『社会人として大切なことはみんなディズニーランドで教わった』二〇〇二年発行

あらすじ

夢と魔法《まほう》の王国・東京ディズニーリゾート。訪《おとず》れたすべての人が笑顔《えがお》になり、楽しい思い出を手に入れる。なぜそれほどまでに、ディスニーリゾートは魅力《みりょく》にあふれているのでしょうか。この謎《なぞ》を解き明かすように、高校生時代からアルバイトでディズニーランドでの業務を経験してきた著者《ちょしゃ》が、夢と魔法《まほう》の裏側に迫《せま》ります。そこには、本当のサービスを追求して実践《じっせん》するスタッフの絶《た》え間ない努力がありました。この努力の一つ一つに、著者《ちょしゃ》自らが体験し感得することで、仕事の本当の意味が見えてきます。ここにディズニーランドの本当の意味での魔法《まほう》が隠《かく》されています。ゲストと先輩《せんぱい》・仲間とのエピソードをふんだんに交えて、ディズニーランドの仕事の魔法《まほう》を紹介《しょうかい》しています。

＝自分の中に毒を持て　あなたは〝常識人間〟を捨てられるか（105ページ）＝

岡本太郎（おかもと たろう）

一九一一（明治四四）年、東京に生まれる。洋画家。パリ大学卒業。在学中、ピカソの作品に衝撃《しょうげき》を受け、抽象《ちゅうしょう》芸術運動に参加。帰国後、前衛的《ぜんえいてき》な作品を次々に発表し、国内はもとより国際的にも高い評価を受ける。絵画、彫刻以外にも評論の執筆《しっぴつ》など超個性派《ちょうこせいは》人間として精力的な活動を展開した。一九九六（平成八）年死去。

出典　青春文庫『自分の中に毒を持て』一九九三年発行

解説

「人類全体が残るか滅《ほろ》びるかという漠《ばく》とした遠い想定よりも、いま現時点で、人間の一人ひとりはいったい本当に生きているだろうか。本当に生きがいをもって、瞬間《しゅんかん》瞬間に自分をひらいて生きているかどうか。」物質的には恵まれた時代に生きている人間が、生きがいにみちあふれ、輝《かがや》いていなければ意味がないではないかという思いが、著者《ちょしゃ》自身の幼少期《ようしょうき》からパリ時代、そして今にいたるまでの経験を交えて語られています。

＝42本のローソク（115ページ）＝

塚本やすし（つかもと やすし）

一九六五（昭和四〇）年、東京に生まれる。絵本作家。作品に『とうめいにんげんのしょくじ』『いのりの石』『うんこ』（詩・谷川俊太郎）『ありがとう ございます』など多数ある。

出典　冨山房インターナショナル『42本のローソク』二〇一六年発行

あらすじ

昭和四十年代、東京の下町では、〝いちごのショートケーキ〟はまだまだ珍《めずら》しかったです。「ナトリ」はそんな上等なケーキが評判の店です。小学三年生の少年は、毎日毎日「ナトリ」に通い、いちごのショートケーキに熱い視線を注《そそ》いでいました。お店のおばさんは、その少年のことを不思議に思っていました。ケーキが好きなのかしら、買ってもらえないのかしら…。当時はごくごくふつうの町工場を営《いとな》むお父さん。少年が食べたいと言えばすぐに買ってもらえたはずでしたが、少年はおねだりをしませんでした。お兄ちゃんと二人で、ためたお金で大きな「いちごのショートケーキ」をお父さんの誕生日《たんじょうび》に買うのだと。それは、今年お父さんが〝厄年《やくどし》〟だからです。

＝蜘蛛の糸（127ページ）＝

芥川龍之介（あくたがわりゅうのすけ）

一八九二（明治二五）年、東京に生まれる。東京帝国大学英文科卒業。東大在学中、第四次『新思潮《しんしちょう》』創刊号に発表した短編『鼻』がその師夏目漱石《なつめそうせき》に激賞《げきしょう》され、第一創作集『羅生門《らしょうもん》』で不動の地位を築いた。鋭い神経と強い自意識の作家で、晩年は転換期《てんかんき》にさしかかった時代の動向に反応して虚無的《きょむてき》心情を深め、また健康上の衰《おとろ》えもあり、強度の神経衰弱《しんけいすいじゃく》になり、一九二七（昭和二）年、睡眠薬《すいみんやく》自殺をとげた。代表作『地獄変《じごくへん》』『河童《かっぱ》』『歯車』など。

出典　偕成社『蜘蛛の糸』一九九四年発行

あらすじ

地獄《じごく》の底の血の池で、犍陀多《かんだた》という男が多くの罪人《ざいにん》とともにもがきつつ、ただ浮《う》き沈《しず》みしています。犍《かん》陀多《だた》は生前、人殺しや放火などをした極悪《ごくあく》な大泥棒《おおどろぼう》でした。その報《むく》いを受け、まさしく地獄《じごく》の責《せ》め苦にあっています。

ある日、お釈迦様《しゃかさま》が散歩中、ふと蓮池《はすいけ》の底を覗《のぞ》いてみました。池の底は、極楽《ごくらく》と正反対の血の池地獄《じごく》で、たくさんの罪人《ざいにん》たちが溺《おぼ》れそうなようすでもがき苦しんでいました。罪人《ざいにん》の中に、お釈迦様《しゃかさま》の見知った顔がありました。その罪人《ざいにん》は犍陀多《かんだた》でした。犍陀多《かんだた》は数々の悪事を働いてきましたので地獄《じごく》に落ちることは当然のことでしたが、お釈迦様《しゃかさま》は犍陀多《かんだた》が以前ひとつだけ善行を成したことを思い出します。

それは、蜘蛛《くも》を踏《ふ》みかけた際に、すかさず止めて助けたことでした。

命の尊《とうと》さを知る犍陀多《かんだた》は根っからの悪党ではないと察したお釈迦様《しゃかさま》は、そんな犍陀多《かんだた》に極楽《ごくらく》へと上るチャンスを与《あた》えることにしました。

蜘蛛《くも》の命をとらなかったことに免《めん》じて、天上から極楽《ごくらく》へと続く一本の蜘蛛《くも》の糸を犍陀多《かんだた》のいる地獄《じごく》へと静かに垂《た》らしたのでした。

自分の上に垂《た》れてきた蜘蛛《くも》の糸を見つけた犍陀多《かんだた》は、喜んでそれを登り始めます。しかし地獄《じごく》の底から極楽《ごくらく》まで這《は》い上がることは容易《ようい》ではなく、疲《つか》れた犍陀多《かんだた》は一休みしたところで、ふと下を見下ろしました。

すると下の方では、蜘蛛《くも》の糸を見つけた他の多くの罪人《ざいにん》たちが、犍陀多《かんだた》の後を追うように登ってくるのが見えました。

か細い一本の蜘蛛《くも》の糸が、あの何百、何千という罪人《ざいにん》の重さに耐《た》えられるはずがないと驚《おどろ》いた犍陀多《かんだた》は叫《さけ》びます。

「こら、罪人《ざいにん》ども。この蜘蛛《くも》の糸は己《おれ》のものだぞ。下りろ。下りろ。」

すると、その瞬間《しゅんかん》、蜘蛛《くも》の糸はプツリと切れ、犍陀多《かんだた》はもとの地獄《じごく》へと真っ逆《さか》さまに落ちていきました。

＝トモ、ぼくは元気です（131ページ）＝

香坂　直（こうさか なお）

一九六四（昭和三九）年　岡山県に生まれる。大阪教育大学卒業。第45回講談社児童文学新人賞佳作に入賞した『走れ、セナ！』で、二〇〇五年にデビュー。

出典　講談社『トモ、ぼくは元気です』二〇〇六年発行

あらすじ

ぼく・和樹《かずき》は小学生、兄・友樹《ともき》は中学生。トモは、イライラしたり、どうしていいかわからなくなると自分の手をかむくせがあります。怒《おこ》り出したら自分の頭をバチバチたたくくせがあります。そんな兄が江木《えぎ》君たちにいじめられているのに助けなかったぼくは、いらいらと苦しくなって家の中をめちゃくちゃにしてしまいました。そのために、大阪の商店街にある祖父母《そふぼ》の家に夏休みの間追放されました。祖父母《そふぼ》の向かいに住む大富《おおとみ》三姉妹とともに、夏祭り伝統の一戦、一丁目対二丁目の金魚すくいに出場することになった和樹《かずき》は、三姉妹の末っ子、桃花《ももか》と兄のトモを頭の中で重ねるなかで、トモと自分のかかかわりを新しく見つめることができるようになります。

＝夏の庭（142ページ）＝

湯本香樹実（ゆもと　かずみ）

一九五九（昭和三四）年、東京に生まれる。東京音楽大学音楽科作曲専攻卒業。『夏の庭―The Friends―』は一九九三（平成五）年の作品で、映画・舞台化もされ、世界十か国以上で翻訳されている。ほかに、『くまとやまねこ』『春のオルガン』『岸辺の旅』、絵本『わたしのおじさん』『魔女と森の友だち』などがある。

出典　新潮文庫『夏の庭―The Friends―』一九九四年発行（※一部改変あり）

あらすじ

小学六年生の「ぼく」（木山《きうち》）は、友だちの山下から、おばあさんの葬式《そうしき》のようすを聞いてから、「死」について考えるようになります。すると、友だちの河辺《かわべ》が、近所にひとりで住んでいるおじいさんが死ぬのを目撃《もくげき》しようと提案《ていあん》し、三人はおじいさんを見張《みは》ることになります。初《はじ》めはこっそり見張《みは》っていたのですが、やがておじいさんと親しくなり、いろいろとお手伝いをしたり、話を聞いたりするようになります。

夏の終わり、三人はサッカー教室の合宿《がっしゅく》に行き、帰ってきておじいさんに会いに行きます。おじいさんは部屋《へや》で横になって死んでいました。……

＝翼のない天使たち（147ページ）＝

折原みと（おりはら　みと）

一九六四（昭和三九）年、茨城《いばらき》県に生まれる。漫画《まんが》家・小説家。『ときめき時代　つまさきだちの季節』で小説家デビュー。絵本、イラストエッセイ、詩集、翻訳《ほんやく》など幅広く活躍。児童書の作品に『青い命の詩』『永遠の夏休み』などがある。

出典　ポプラポケット文庫『翼のない天使たち』二〇〇五年発行

あらすじ

優等生《ゆうとうせい》で児童会の会長の智久《ともひさ》。ふとしたことから、老人ホーム「星の家」に足をふみ入れます。苦手《にがて》な動物や老人とのかかわり、変わり者のクラスメートや不登校の少女とのかかわりを通して、智久《ともひさ》の心は少しずつ変わっていきます。どこかうわべだけのにせ優等生《ゆうとうせい》だった智久《ともひさ》が、「星の家」の人々にふれ、人に対するやさしさや勇気を見つけ、成長していく物語です。翼《つばさ》のない天使とは、いったいだれのことなのでしょうか……。

＝しらんぷり（157ページ）＝

梅田俊作（うめだ しゅんさく）

一九四二（昭和一七）年、京都府丹後《たんご》半島に生まれる。画家・絵本作家。絵本作品に『えすがたあねさま』『ねずみのすもう』『あんちゃんのたんぼ』など多数がある。エッセイに『おやじオロオロ子はスクスク』『山里ノスタルジー』がある。

梅田佳子（うめだ よしこ）

一九四七（昭和二二）年、福島県に生まれる。一九八〇年ごろより、夫と創作絵本を共作。共作の絵本作品に『がまんだがまんだうんちっち』『ばあちゃんのなつやすみ』『まんげつの海』などがある。

出典　ポプラ社『しらんぷり』一九九七年発行

あらすじ

ドンチャンは、ヤラガセたちにいじめられています。落書きをされたり、無理《むり》やりおどらされたり、暴力をふるわれたり……。

でも、ぼくたちは、「しらんぷり」。だって、口に出したら、こんどはこっちがやばいからです。

しらんぷりを続けるぼくたち……。

二学期の終わりにとうとう転校してしまうドンチャン。でも、しらんぷりして助けてあげなかったぼくの心は苦しくて……。

＝アフリカゾウから地球への伝言（160ページ）＝

中村千秋（なかむら ちあき）

一九五八（昭和三三）年、東京都に生まれる。ミシガン州立大学卒業。アフリカゾウ研究者。一九八九年より、東アフリカのツァボ地域《ちいき》を中心に、野生のアフリカゾウと地域《ちいき》住民の共存《きょうぞん》をテーマに現地で研究調査を続ける。野生のゾウとのトラブルをかかえている地域《ちいき》の生活向上を支援《しえん》し、野生動物保護への理解を深める「コミュニティー・ワイルドライフ」という活動を通し、東アフリカのビリカニ村の女性たちが設立した、「ビリカニ女性の会」の支援《しえん》を二十年以上続けている。

出典　冨山房インターナショナル『アフリカゾウからの地球への伝言』二〇一六年発行

解説

著者《ちょしゃ》の中村千秋は、「一番日本から遠くて、一番日本人がいないところ」に行きたいということで、アフリカにきょうみを持ち、大学卒業後一年間アフリカ放浪《ほうろう》の旅に出た後、三十歳の時にアフリカゾウのフンの研究者としてケニアに渡《わた》った女性です。

ケニアでは、日本の福島県ほどの広さのある国立公園内の小屋に一人で暮《く》らし、ゾウやフンを探し回る生活。研究を始めてまずおどろいたのは、野生のゾウのフンはにおわないということだったそうです。

ゾウと人間の共生を目指して地域《ちいき》住民の生活支援《しえん》を行っているようすや、ゾウが生活する場所、アフリカの自然自体を守ることが、アフリカの動植物、ひいては人間社会を守ることにつながるという、著者《ちょしゃ》の熱い思いが伝わってくる本です。

＝教室―6年1組がこわれた日（164ページ）＝

斉藤栄美（さいとう えみ）

一九六二(昭和三七)年、東京都に生まれる。青山学院女子短期大学卒業。「四年一組石川一家」シリーズ第四弾『席がえ、はんたい!!』が第一回「童話の海」に入選し、作家としてデビュー。主な作品に『転校』『忍者ＫＩＤＳ』

シリーズ、『レイナ』『ぼくとママのたからもの』『わたしがふたり』などがある。

出典　ポプラポケット文庫『教室―6年1組がこわれた日』二〇〇六年発行

あらすじ

「教室の中では、みんな、平等《びょうどう》なはず。なのに、6年1組はそうじゃない。はるひだけひいきされてる。ひいきされてるはるひもいけない」……クラスのきょんちゃんの言葉に共感する美月《みづき》。自分の心を言葉で表すのが苦手《にがて》な美月《みづき》は、素直《すなお》で、正義感あふれる仲良しのはるひが、大好きなのに、心の底ではまぶしくて、にくらしくて……。クラスの中で、いじめられていくはるひ。どんどん心がはなれていく、先生とクラスの仲間たち。6年1組は、いったいどうなっていくのでしょうか。

＝ないたあかおに（173ページ）＝

浜田廣介（はまだ ひろすけ）

一八九三（明治二六）年、山形県に生まれる。早稲田《わせだ》大学卒業。童話雑誌などの編集をしたのち、第一童話集『椋鳥《むくどり》の夢』を発表。『竜《りゅう》の目の涙《なみだ》』など多くの作品がある。生涯《しょうがい》で一〇〇〇をこえる童話を残し、日本のアンデルセンといわれている。一九五五年に日本児童文芸家協会を設立、初代理事長となった。一九七三（昭和四八）年死去。

出典　偕成社『ないたあかおに』一九六五年発行

あらすじ

ある山の中に赤鬼《あかおに》が住んでいました。心優《やさ》しい赤鬼《あかおに》は、村の人間たちと仲良くなりたいと思っていましたが、その恐《おそ》ろしい姿のために誰《だれ》も友だちになってくれませんでした。

ある日、赤鬼《あかおに》は友だちの青鬼と再会し、このことを話します。すると青鬼は「ぼくがわざと村で暴《あば》れ回るから、君はやっつけるフリをしてくれ。そうすれば君は人間たちのヒーローになれるぞ」と提案《ていあん》します。それはいくらなんでも青鬼に悪いと断《ことわ》ろうとする赤鬼でしたが、青鬼は強引に赤鬼を引き連れて村へと向かいます。

青鬼を赤鬼がやっつける演技をしてから数か月がたちました。

赤鬼は今では村の人気者です。あれほど赤鬼を恐《おそ》れていた子どもたちも、みな赤鬼のことが大好きになっていました。しかし赤鬼は、青鬼を見かけないことを心配していました。

気になった赤鬼は自宅にもどりますが、そこに青鬼の残した張り紙を見つけます。

張り紙には、「ぼくと仲良くしているのがわかってしまったら、赤鬼くんまで悪い鬼だと思われてしまう。ぼくはもうこの村には立ち寄らないことにした。だが、ぼくはいつまでも赤鬼くんの友だちだ」と書いてありました。

赤鬼は、張り紙を何度も読み返し、涙《なみだ》を流します。

＝こころの処方箋（175ページ）＝

河合隼雄（かわい　はやお）

一九二八（昭和三）年、兵庫《ひょうご》県篠山《ささやま》市に生まれる。京都大学理学部卒業。日本におけるユング（カール＝グスタフ＝ユング。スイスの精神科医・心理学者）派《は》心理学の第一人者。箱庭療法《はこにわりょうほう》を日本ではじめに取り入れた人。元文化庁長官。『こころの処方箋』は一九九二（平成四）年に新潮社より出版。のちに文庫となる。『子どもと学校』『ウソツキクラブ短信』『子どもと悪』など多数の著作《ちょさく》がある。

出典　新潮文庫『こころの処方箋』一九九八年発行

解説

『こころの処方箋』は五十五章からなる本です。うら表紙には、「あなたが世の中の理不尽《りふじん》に拳《こぶし》を振《ふ》りあげたくなったとき、人間関係のしがらみに泣きたくなったとき、本書に綴《つづ》られた五十五章が、真剣《しんけん》に悩《なや》むこころの声の微《かす》かな震《ふる》えを聴《き》き取り、トラブルに立ち向かう秘策《ひさく》を与《あた》えてくれるだろう」とあります。

3「100％正しい忠告《ちゅうこく》はまず役に立たない」　5「理解ある親をもつ子はたまらない」　12「100点以外はダメなときがある」　21「ものごとは努力によって解決しない」　32「うそは常備薬《じょうびやく》真実は劇薬《げきやく》」　49「心配も苦しみも楽しみのうち」など、この本の中から「今のあなたに必要な言葉」が見つかるかもしれません。

＝「ごめんなさい」がいっぱい（180ページ）＝

くすのき しげのり

一九六一（昭和三六）年、徳島県に生まれる。鳴門《なると》教育大学大学院修了。「心豊かに生きる」をテーマに、大学在学中から始めた創作童話・絵本・詩・童謡《どうよう》など児童文学の創作活動と小学校の教育現場における「徳育《とくいく》」を中心とした教育活動を続ける。現在、児童文学作品を中心とするさまざまなジャンルの作品の創作活動と講演活動を行っている。

出典　ＰＨＰ研究所『ごめんなさい』がいっぱい』二〇一六年発行

あらすじ

主人公・ふうちゃんのお姉ちゃんは、ふうちゃんに絵本を読んであげたり、数を教えてあげたりと、ふうちゃんの面倒《めんどう》をよく見ます。しかし、ふうちゃんは、しょっちゅう、動物の名前や数を間違《まちが》えます。そのうち、できないことがあると、「ごめんなさい」と言うのが口癖《くちぐせ》になってしまいました。
ある時、遊びに来たおばあちゃんがお母さんに、「このこ　めは、ちゃんと　みえてる？」と聞きます。その時は見えていると信じていたお母さんでしたが、心配になり、次の日、みんなで眼科に行きました。そこで、ふうちゃんは、遠くのものは見えているのに近くのものが見えていないことがわかるのです。お父さん、お母さん、そしてお姉ちゃんも、早く気づかずに「ごめんさい」と、ふうちゃんに謝《あやま》ります。

＝どんなかんじかなあ（192ページ）＝

中山千夏（なかやま ちなつ）

一九四八（昭和二三）年、熊本《くまもと》に生まれる。元女優、元参議院議員。『となりのイカン』『へんなの』『いきてる』『おとしものしちゃった』など作品多数。『どんなかんじかなあ』で第11回日本絵本賞を受賞。

出典　自由国民社『どんなかんじかなあ』二〇〇五年発行

あらすじ

「ぼく」の友だちのまりちゃんは目が見えません。それでぼくは、目が見えないって「どんなかんじかなあ」って試してみました。すると、見えないってすごいことに気がつきました。友だちのさのくんは耳が聞こえません。それでぼくは、耳が聞こえないって「どんなかんじかなあ」って試してみました。すると……。

＝世界でいちばん貧しい大統領のスピーチ（199ページ）＝

くさば よしみ（編）

一九五八（昭和三三）年、京都に生まれる。編集者。著書《ちょしょ》に『地球を救う仕事　全六巻』『おしごと図鑑シリーズ』『科学にすがるな！──宇宙《うちゅう》と死をめぐる特別授業』などがある。

出典　汐文社『世界でいちばん貧しい大統領のスピーチ』二〇一四年発行

あらすじ

二〇一二年、ブラジルのリオデジャネイロで国際会議が開かれました。環境《かんきょう》が悪化した地球の未来について話し合うためです。

なかなか名案《めいあん》が出ないなか、南米のウルグアイのムヒカ大統領の演説が始まります。小国の演説に、さほど関心をいだいていなかった会場の人も、演説が終わった時には、大きな拍手《はくしゅ》がわきおこりました。いったいどんなスピーチだったのでしょうか。

人類の幸福とは何かを深く問いかける絵本です。

＝愛のひだりがわ（204ページ）＝

筒井康隆（つついやすたか）

一九三四（昭和九）年、大阪に生まれる。作家・劇作家・俳優。同志社《どうししゃ》大学文学部で美学芸術学を専攻し、卒業後、展示装飾を専門とする会社を経て、デザインスタジオを設立する一方、一九六〇年、SF同人誌「NULL《ヌル》」を発刊し、当時の推理小説界の最長老・江戸川乱歩《らんぽ》に認められて創作活動に入る。著書《ちょしょ》『時をかける少女』『夢の木坂分岐点《ぶんきてん》』『文学部唯野《ただの》教授』など多数ある。

出典　岩波書店『愛のひだりがわ』二〇〇二年発行

あらすじ

幼いときに犬にかまれたために左腕《うで》が不自由になってしまった六年生の月岡愛《つきおかあい》は、母親の死をきっかけに行方不明の父親を探す旅に出ます。警察《けいさつ》が無力になった世の中には、銃《じゅう》の乱射《らんしゃ》、殺人、焼きうちなど暴力があふれていますが、愛のひだりがわには、大型犬のデンやダン、ご隠居《いんきょ》さん、同級生のサトルなど、誰《だれ》かがいて彼女の旅を助けてくれます。

＝じょうぶな頭とかしこい体になるために（214ページ）＝

五味太郎（ごみ　たろう）

一九四五（昭和二〇）年、東京に生まれる。桑沢《くわざわ》デザイン研究所卒業。絵本作家。子どもから大人まで幅広いファンを持ち、その著作は四五〇冊を超《こ》える。世界中で翻訳《ほんやく》出版されている絵本も数多い。

出典　ブロンズ新社『じょうぶな頭とかしこい体になるために』一九九一年発行

解説

「とくに悪いことをしたわけでもないのにしかられる。ちょっとおもしろそうなことをやろうとすると、とめられる。それなりに自分ではやっているつもりなのに、がんばりなさいとか、しっかりやりなさいなどと言われる。そして、本当に悩《なや》んでいることについては、相談にのってくれる人が見あたらない。まったく子どもって気の毒です。」と考える、かつてご自身も気の毒な子どもだった五味太郎さんが、子どもの疑問などに答えてくれる本です。

＝袋には入れないで！（222ページ）＝

アース・ワークス グループ

一九八九（平成元）年にアメリカのカリフォルニア州バークレイに設立された環境《かんきょう》保護グループ。国内外のグループとネットワークを持ち、情報収集《しゅうしゅう》に努め、生活のなかで実践《じっせん》できるエコロジー運動を提案。その活動は世界中から注目を集めた。大人向けの日本語の本に『地球を救うかんたんな50の方法』（講談社）などがある。

出典　ブロンズ新社『子どもたちが地球を救う50の方法』一九九〇年発行

解説

子どもたちが地球を救わなくてはならないような環境《かんきょう》問題が、一九九〇年以前から全世界的な規模《きぼ》の課題として取り上げられてきました。子どもたちの世代に環境《かんきょう》悪化の状態を引きつがせてしまわなくてならない現実があります。そこで、この本は、環境《かんきょう》問題として子どもたちが身近なところから取り組める問題を整理しています。第一章で何が起こっているのだろうとして、環境《かんきょう》問題に対する理解を深め、第二章からは、こうすれば子どもたちは地球を救うことができるとして、その実践例《じっせん》をイラスト入りで50の方法として紹介《しょうかい》しています。また、地球を守るエコ実験も紹介《しょうかい》しています。

＝レ・ミゼラブル —ああ無情（226ページ）＝

ビクトル・ユーゴー

一八〇二年、フランスで生まれる。一八八五年死去。詩人・小説家・政治家。一八五一年、ナポレオン三世のクーデターに反対してベルギーに亡命《ぼうめい》。一九年間亡命《ぼうめい》生活を送り、一八七〇年、共和制の成立したパリにもどった。多くの詩集のほか、『ノートルダム・ド・パリ』『レ・ミゼラブル』などの小説がある。『レ・ミゼラブル』＝日本名『ああ無情』は、一八六二年の作品。

出典　講談社青い鳥文庫『レ・ミゼラブル—ああ無情』（新装版）二〇一二年発行

あらすじ

姉の家族のために一切れのパンをぬすんで、十九年間も牢獄《ろうごく》に入れられたジャン・バルジャン。ミリエル司教《しきょう》《カトリックの牧師《ぼくし》の位の高い人》の大きな愛によって、人間性に目ざめたジャン。素性《すじょう》をかくして、名前を変え、マドレーヌ市長となったジャンに気がつき、しつこくつきまとうジャベール警部《けいぶ》。

良心に恥《は》じない人間として、懸命《けんめい》に生きたジャン・バルジャンの苦労に満ちた一生をえがいた作品です。

＝何が正しいのか（234ページ）＝

TOKYO FM「ジブラルタ生命 Heart to Heart ありがとう、先生！」番組制作チーム

このストーリーは、先生の言葉を北海道の聴取者《ちょうしゅしゃ》「ポンタ」さんがふりかえり、それをもとに創作《そうさく》したものです。

出典　TOKYO FM『ありがとう、先生！』二〇一三年発行

解説

「誰《だれ》もが昔は生徒でした。教室で、グラウンドで、先生がくれた言葉に、いま、ありがとう！」ラジオ番組「ジブラルタ生命 Heart to Heart ありがとう、先生！」は、ラジオの前のリスナーが生徒だった「あのとき」にもどって、全国から寄せられた「先生のひとこと」に触《ふ》れて、生徒だったときの自らの体験をそこに重ねていく番組です。この番組が伝えたいことは、先生と生徒の心と心のつながりそのものです。「あのときは言えなかったけど、いま、ありがとう！と言いたい」─電波にのせられたひとことが、あのときの先生と生徒の心を再び固く結びつけます。「勇気」「元気」「根気」「本気」「平気」「気づき」をくれる言葉と、それにまつわるエピソード集の中から、先生がくれた「本気」になれる言葉が社会人になって活《い》きて働いたエピソードです。

道徳 小学校高学年内容項目との対照表

B 人との関わりに関すること				A 自分自身に関すること					作品名	頁
互理解、寛容	8 友情、信頼	7 礼 儀	6 思いやり、親切	5 真理の探究、創造	4 希望・勇気、克己心	3 向上心、個性の伸長	2 節度・節制	1 自主自立、自由と責任		
					◎				生きる	8
					○				きっと明日は	12
									せかいいちうつくしいぼくの村	17
						○		◎	あくびイヌ	26
									きみが選んだ死刑のスイッチ	29
○	◎								ユタとふしぎな仲間たち	37
						○			明日に向かってペダルを踏んだ	45
				◎					よだかの星	49
	◎		○						くちぶえ番長	54
									ブンナよ、木からおりてこい	59
		◎							甲子園球場へ行こう	66
○			◎						じっちゃ先生とふたつの花	75
								◎	いまを生きるあなたへ 贈る詩50	83
									〝一握りの勇気〟も大切なサービスなんだ	97
						◎	○		自分の中に毒を持て	105
							○		42本のローソク	115
			○				◎		蜘蛛の糸	127
◎	○								トモ、ぼくは元気です	131
			○						夏の庭	142
					◎				翼のない天使たち	147
	○		◎						しらんぷり	157
									アフリカゾウから地球への伝言	160
	○				◎				教室 —6年1組がこわれた日	164
	◎								ないたあかおに	173
									こころの処方箋	175
			○						「ごめんなさい」がいっぱい	180
◎							○		どんなかんじかなあ	192
									世界でいちばん貧しい大統領のスピーチ	199
○									愛のひだりがわ	204
				◎				○	じょうぶな頭とかしこい体になるために	214
									袋には入れないで!	222
					◎				レ・ミゼラブル	226
○								◎	何が正しいのか	234

【目安として、◎は主な内容、○は関連の内容】

D 生命や自然、崇高なものとの関わり				C 集団と社会との関わりに関すること								
22 よりよく 生きる喜び	21 感動、 畏敬の念	20 自然愛護	19 生命の尊さ	18 国際理解、 国際貢献	17愛国心、伝統 と文化の尊重	16郷土愛、伝統 と文化の尊重	15 愛校心、集 団生活の充実	14 家族愛、家 族生活の充実	13 勤　労	12 社会参画、 公共の精神	11 公正・公平、 社会正義	10 順法 公徳
○												
			◎									
				○		◎						
											○	◎
										◎		
	○											
◎	○											
									○			
○												
									◎	○		
								◎				
			◎									
											○	
		○		◎								
											○	
								◎		○		
								◎				
◎		○										
											◎	
		◎										○
											○	

読書の思い出

この本にある作品を読んだ感想を書いておきましょう。

編集委員
東風安生（代表）
田代正行
石井由美子
及川しのぶ
尾作亜理紗

さし絵
はらだ たけひで
池田裕子
おかもと香織
柿田　徹
鈴木永子
塚本やすし

出版協力
イースト・プレス
今人社
岩波書店
エフエム東京
偕成社
こう書房
講談社
サンリオ
自由国民社
新潮社
青春出版社
汐文社
東洋館出版社
日本図書センター
ＰＨＰ研究所
ブロンズ新社
ポプラ社

もうひとつの道徳の教科書

二〇一八年三月二十日　第一刷発行

編　者――道徳の教科書編集委員会

発行者――坂本喜杏
発行所――株式会社冨山房インターナショナル
東京都千代田区神田神保町一―三
〒一〇一―〇〇五一　電話〇三（三二九一）二五七八

印　刷――株式会社冨山房インターナショナル
製　本――加藤製本株式会社

ISBN978-4-86600-045-9 C8037　NDC150

日本文藝家協会　許諾番号 227284

装幀　滝口裕子